챗GPT
교실 수업을 위한
지도와 칼

챗GPT 교실 수업을 위한 지도와 칼

1판 1쇄 발행 2023년 5월 2일
1판 2쇄 발행 2023년 6월 20일

지은이 이주원
펴낸이 이기준
펴낸곳 리더북스
출판등록 2004년 10월 15일(제2004-000132호)
주소 경기도 고양시 덕양구 무원로 6번길 12(행신동, 대흥프라자빌딩) 815호
전화 031)971-2691
팩스 031)971-2692
이메일 leaderbooks@hanmail.net

ISBN 979-11-90616-93-5 03370

• 잘못된 책은 서점에서 바꿔드립니다.
• 책값은 뒤표지에 있습니다.

챗GPT
교실 수업을 위한 지도와 칼

이주원 지음

리더북스

추천의 글

인터넷, 스마트폰에 이어 이제는 챗GPT를 선두로 한 생성형 인공지능이 게임체인저다. AI 발전으로 기술, 산업, 경제는 물론이고 교육도 엄청난 변화가 예견되는 가운데, 매우 시의적절하고 반가운 책이 나왔다. 학교 수업에서의 인공지능 활용은 당장 교육 현장이 맞닥뜨려야 할 골치 아픈 숙제인데, 복잡한 실타래를 풀기 위한 실마리를 제공해줄 길라잡이 같은 책이다.

어느 분야건 변화를 선도하는 사람은 혁신가이거나 얼리어답터일진대, 내가 알고 있는 저자는 늘 새로운 트렌드에 민감하고 혁신을 고민하면서 도전하고 실행에 옮기는 것을 두려워하지 않는 행동파 얼리어답터 교사다. 챗GPT라는 어마무시한 거인에 맞서 싸우려 들지 않고 오히려 이 거인의 어깨에 올라가 제대로 활용하는 방법을 연구해 제시하고 있다. 그 방법의 핵심은 다름 아닌 '효과적으로 질문하는 법'에 있음도 정확히 간파했다. STAR'S 방법론에 따라 시작 질문, 목표 질문, 추가 질문, 심사/평가 질문을 하고 확산적 사고를 연습하면서 창의성을 키울 수 있나면, 챗GPT 활용 교육은 질문하는 교육과 창의성 함양을 위한 최적의 방법이 될 수 있을 것이다.

교육의 질은 교사의 질을 넘어설 수 없으며, 교사가 지혜로워져야 교육이 발전한다. 새로운 길을 가려면 방향을 알려주는 지도와 위험을 헤쳐 나갈 칼이 필요하다. 이 책은 질문하는 학생과 대답하는 챗GPT 그리고 그 사이 어딘가쯤 있게 될 인공지능 시대의 교사들에게 든든한 '지도와 칼'이 되어 줄 것이다. 스마트한 교사가 되기 위해 읽어야 할 필독서로서 전혀 손색이 없다.

- 최연구(부경대학교 과학기술정책학과 겸임교수, 前 한국과학창의재단 단장)

추천의 글

2022년 연말 OpenAI 챗GPT를 처음 접했을 때, 2015년 알파고의 등장과 대비가 되었다. 사실 개인적 생각으로 알파고는 일반인들에게 AI에 대한 관심은 높였지만 대중이 쉽게 사용할 수 있을지 의구심만 가졌기 때문이다. 하지만 OpenAI 챗GPT는 누구나 쉽게 사용할 수 있다는 점에서 파급력이 교육뿐만 아니라 우리 일상에도 크게 오리라 생각하게 되었다.

이후 나는 강의를 나갈 때 학교명을 입력하고 선생님들에게 어떤 주제로 이야기하면 좋을지 질문하면 챗GPT는 유목화하여 나에게 알려주는 것이 너무 신기하였고, 알려준 내용을 바탕으로 내 생각을 더하여 강의자료를 준비도 해보았다. 실제 우리 학생들도 챗GPT를 이용해 프로그램 과제를 최적화하는 등 범용적으로 사용하는 것을 보고 희망을 갖기도 하였다.

하지만 이것도 잠시, 나의 의심병은 또 다른 의구심을 가지게 했다. 예를 들어 "서울로봇고등학교 교장을 소개해줘"라고 하면 2021년에 퇴임하신 교감 선생님의 성함이 나오고 엉뚱한 이야기가 나오는 것을 보고 걱정이 되기 시작했다.

챗GPT를 수업에 활용할 수 있도록 선생님께 소개를 이미 마친 상황이었기에 잘못된 정보를 아이들에게 가르치면 어떡하지? 챗GPT는 마치 면접을 보는 사람처럼 우리가 질문하는 것에 대해 몰라도 순간을 벗어나려고 답하는 것 같은 느낌이 들어 과연 이것을 활용하라고 계속 권장해야 할까?

그런데 희소식이 들렸다. 현직 교사인 이주원 선생님이 챗GPT를 활용하는 수업의 실제, 챗GPT 활용 수업의 전제조건, 챗GPT와 함께하는 자기주도적 학습 방법 등을 통해 우리가 나아갈 미래 교육까지 소개한다는 소식에 우선 내 걱정거리가 덜어져 반가웠다.

"모든 새롭고 의미 있는 시작은 질문에서 비롯된다"라고 책에서 소개하고 있고, 챗GPT에게 우리는 질문을 잘해야 의미 있는 협업의 데이터를 구할 수 있다고 책에서는 강조하고 그 실제를 담고 있다. 여러분이 이 책을 읽고 나면 면접 질문관처럼 챗GPT에 묻지 않게 될 것이고, 챗GPT를 친근한 질문 친구로, 내 수업에 도움을 주고 삶에 도움을 주는 고마운 친구를 얻는 기분이 들 것이다.

– 강상욱(서울로봇고등학교 교장)

추천의 글

인공지능(AI) 기술이 사회 전반에 혁신을 가져올 것이라는 전망은 계속되어 왔습니다. 특히 교육 분야에서는 최근 생성형 인공지능(Generative AI)의 등장으로 미래 교육은 완전히 새로운 패러다임으로 진입하게 되었습니다. 생성형 인공지능은 인간의 지식과 경험을 기반으로 자연스럽고 직관적인 대화를 가능하게 하는데, 이것이 학생들에게 적극적인 참여와 창의적 사고력을 높이는 데 매우 중요한 역할을 할 것으로 예상하고 있습니다.

AI 교육 전문가인 로버트 암스트롱은 "챗GPT와 같은 생성형 인공지능 기술을 활용하면, 학생들은 새로운 아이디어를 발견하고, 탐구하며, 고급스러운 논리적 추론을 수행할 수 있을 것이다."라고 말했습니다.

이러한 급격한 패러다임 변화는 교육 현장에 있는 우리를 한편 혼란스럽게 합니다. 거시적으로는 새로운 도전과 혁신에 직면하고, 미시적으로는 어떻게 효과적으로 현장의 수업 활동에 적용할까 하는 과제를 안겨주기 때문입니다.

이러한 중요한 시기에 이주원 선생님께서 《챗GPT 교실 수업을 위한 시노와 칼》을 출판하여 학교 교육에 새로운 이정표를 제시하니 그 반가움을 이루 말할 수 없습니다.

이 책에서는 챗GPT가 교육 분야에서 어떠한 혁신을 가져올 수 있는지에 대한 예상과 함께, 실제 학교 현장에서 적용한 사례와 적용 방법에 대해 다루고 있습니다. 생성형 인공지능의 활용 시에 학습자의 질문이 핵심인데, 저자는 수업 현장에서 마주한 긴 고민과 해답을 통하여 얻은 결과로 STAR'S 모델을 확립하여 제시하고 있습니다.

STAR'S 모델을 활용하여 교사는 학생들이 챗GPT에 질문하는 방법뿐만 아니라 도출한 해답을 탐구 자료로 활용하도록 걸러주고, 학생과 챗GPT 그리고 학생과 학생의 상호작용을 돕는 역할을 수행할 수 있을 것입니다.

이 책은 현재와 미래 교육의 변화에 종합적인 영향을 끼치고, 현장의 교수자들에게 미래 교육을 대비하고 생성형 인공지능 활용 수업을 최대로 도와주는 유용한 가이드가 될 것으로 예상합니다. 끝으로 토마스 피츠제럴드의 말을 인용하자면 "어떤 교육도 끊임없이 변화해야 하며, 그 변화는 항상 발전적인 방향으로 이루어져야 한다."는 것입니다. 이 책이 학교 교육의 변화와 발전을 이루는 데 큰 역할을 할 것으로 기대합니다.

– 신승인(경기기계공업고등학교 교장, AI융합교육연구회 회장)

들어가는 말

"모든 새롭고 의미 있는 시작은
질문에서 비롯된다."

- 피터 드러커(Peter Ferdinand Drucker, 1909~2005) | 경영학자, 작가

《챗GPT 교실 수업을 위한 지도와 칼》은 이주원이 쓴 책으로, 챗GPT와 함께하는 교실 수업 방법론을 제시하고 다양한 예술교육 분야에 적용할 수 있는 지침과 노하우를 담고 있습니다.

이 책에서는 챗GPT를 활용한 참여적인 수업 진행 방법론과 학생들의 참여와 자기주도적인 학습 방법을 습득할 수 있는 교육 방법론을 제안합니다. 챗GPT와 함께하는 교실에서는 학생들이 질문하고 답변하는 것을 통해 자기 생각을 표현하고, 다른 사람의 의견을 수렴하며 자신의 생각을 발전시키는 능력을 기를 수 있습니다. 이를 통해 학생들은 자신의 의견을 자신만의 말로 표현하는 능력을 기를 수 있고, 또한 다른 사람들과의 소통과 협력으로 창의적인 문제 해결 능력을 키울 수 있습니다.

또한, 이 책은 챗GPT와 함께하는 교실 수업의 이론적인 기반을 제공하고, 챗GPT를 활용한 수업 계획과 평가 방법, 학생들의 참여를 유도하기 위한 활동 아이디어 등을 제시합니다. 이를 통해 교사들은 챗GPT와 함께하는 창의적이고 흥미로운 수업을 만들어 나갈 수 있습니다.

총 15개의 장으로 구성된 이 책은 예술교육 분야에서 오랜 경험과 노하우를 쌓은 이주원이 챗GPT와 함께한 새로운 시도의 결과물로, 교육 분야에서 실험을 통해 교육의 혁신을 추구하는 교사들에게 큰 영감을 주고 도움이 될 것입니다.

놀랍게도 위 글은 “이주원이 써서 베스트셀러가 된 책《챗GPT 교실 수업을 위한 지도와 칼》에 대해 더 자세히 말해 줘”라는 나의 질문을 듣고 챗GPT가 작성한 글이다.

매일 새로운 인공지능AI 기술이 쏟아지고 있다. 특히 숙제까지도 대신해준다는 생성형 인공지능의 등장에 교육 현장도 술렁이고 있다. 아직 출판되지도 않은 나의 책에 대해 진짜인 것처럼 믿어지는 그럴듯한 문장을 완성해내는 챗GPT를 보며 교육 현장에 있는 교사로서 나도 무엇인가 해야겠다고 생각했다.

챗GPT는 인간이 사용하는 ‘자연어’(인공지능이 쓰는 ‘기계어’와 반대되는 개념)를 학습하여 마치 인간처럼 말하고 대답하는 인공지능이다. 그동안 인간이 만들어놓은 수많은 언어와 지식 데이터를 학습하여 무엇을 묻든지 척척 대답하는 ‘언어 로봇’이다.

챗GPT는 지금까지는 시작 단계에 불과하다. 챗GPT의 카카오톡 채널 버전인 ‘아숙업AskUp’, 중국판 챗GPT ‘바이두Baidu’도 있으며 앞으로 이와 유사한 생성형 인공지능은 계속 등장할 것이다.

아직 가치관이 확립되지 않은 학생들이 챗GPT를 이용하는 것이 해로울 수 있다는 우려의 목소리가 높다. 세계적인 언어학자 촘스키는 챗GPT를 ‘최첨단 표절 시스템’이라고 말한다. 고도로 창의적이며 비판기능이 있는 인간의 언어와는 달리 챗GPT는 ‘표절·무시·생략’하기 일쑤

이며, 이로 인해 인간의 윤리를 악화시킨다는 것이다. 챗GPT를 '악의 평범성'이라고까지 표현한 언어학자의 우려는 의미심장하다.

교육 현장에서 교사들이 신기술에 허둥대는 동안, 학생들은 벌써 생성형 인공지능을 이용하여 여러 가지를 시도한다. 우스갯소리로 태어날 때부터 스마트폰을 쥐고 태어났다고 하는 '디지털 네이티브' 학생들은 신기술을 아무런 거리낌 없이 접하며, 직관적으로 그것들을 이용한다. 이미 삶 속으로 깊숙이 들어와 버린 생성형 인공지능을 교육 현장에서 현명하게 잘 활용할 수 있는 방법은 없을까? 그리고 좋든 싫든 인공지능과 공존하며 삶을 살아나가게 될 학생들에게 우리는 어떤 것을 반드시 가르쳐주어야 할까?

이 책은 이에 대한 고민을 담고 있다. 30일 동안 챗GPT와 함께하며 챗GPT의 실체를 파악해보고자 했다. 그리고 현직 교사로서 교실 수업에 챗GPT를 어떻게 활용할 수 있을까에 대해 미약하더라도 쉽게 이해할 수 있는 간단한 가이드라인을 제시해보려고 한다.

책을 쓸 때 가장 고민이 되는 부분이 목차이다. 나는 목차를 15개로 제시했던 챗GPT에게 목차를 구성해달라고 부탁(질문)하였다.

챗GPT Q&A

Q: 《챗GPT 교실 수업을 위한 지도와 칼》의 목차 15개를 구성해줘.

A: 1. 서론: 챗GPT 교육 방법론의 필요성
2. 인공지능과 교육: 챗GPT를 활용한 교육 방법론
3. 챗GPT의 이해: 챗봇의 개념과 원리
4. 챗GPT 교실의 전제조건: 학습환경과 디자인
5. 챗GPT와 함께하는 참여적인 수업: 대화형 학습법
6. 자기주도적인 학습 방법: 챗GPT와 함께하는 학습전략
7. 챗GPT와 함께하는 예술교육: 미술, 음악, 무용, 연극 등
8. 챗GPT 교실의 진행 방법: 교사와 학생의 역할
9. 챗GPT 교실의 평가 방법: 평가 기준과 방법론
10. 챗GPT 교실의 문제점과 해결방안: 교사와 학생의 역할 재정립
11. 챗GPT 교실의 활용성: 교육산업과의 연계
12. 챗GPT 교실의 선도적인 교육기관: 사례 연구
13. 챗GPT 교실의 발전과 전망: 인공지능 기술의 도입
14. 챗GPT 교실의 미래: 예측과 전망
15. 결론: 챗GPT 교육 방법론의 의의와 한계

챗GPT가 구성해준 15개의 목차를 참고하여 나의 아이디어를 5개의 장으로 재구성하였다. 사회 교사인 나는 사회 수업 위주로 내용을 구성해보려고 했는데, 챗GPT의 추천에 따라 예술교육 분야의 내용도 포함시켰다.

목차

프롤로그

챗GPT라는 거인의 어깨 위에서 세상을 보기

챗GPT와 처음 대화를 시작하면서 나는 알라딘의 요술 램프가 떠올랐다. 램프 속 요정 지니는 주인 알라딘을 위해 세 가지 소원만 들어주지만 챗GPT에게는 그런 제한이 없다. 단, 소원을 직접 이루어주는 것이 아니라 소원(질문)에 대한 답을 내놓고, 소원을 이루는 방법을 알려준다는 것이 차이점이다. 그러니까 잘만 물어보면 챗GPT라는 거인은 어떤 것이든 안내해줄 것이다.

거인은 근대 물리학의 아버지 아이작 뉴턴의 이야기 속에도 등장한다. "내가 더 멀리 볼 수 있었던 것은 거인의 어깨 위에 올라섰기 때문이다.(If I have seen further, it is by standing on the shoulders of giants.)"라는 말은 아이작 뉴턴이 말했다고 알려졌지만, 사실 그 말의 기원은 고대 그리스까지 거슬러 올라간다.

그리스 신화에서 눈먼 거인 오리온Orion은 시력을 되찾기 위해 어깨 위에 난쟁이 케달리온Cedalion을 태워 태양신에게 나아간다. 이때 난쟁이는 거인보다 더 멀리 더 잘 볼 수 있는 존재다. 난쟁이의 시력이 더 좋거나 뛰어나기 때문이 아니라 단지 거인의 어깨 위에 서 있다는 유리한 조건 때문이다. 나는 챗GPT와 사람이 꼭 오리온과 케달리온을 닮았다고 생각한다.

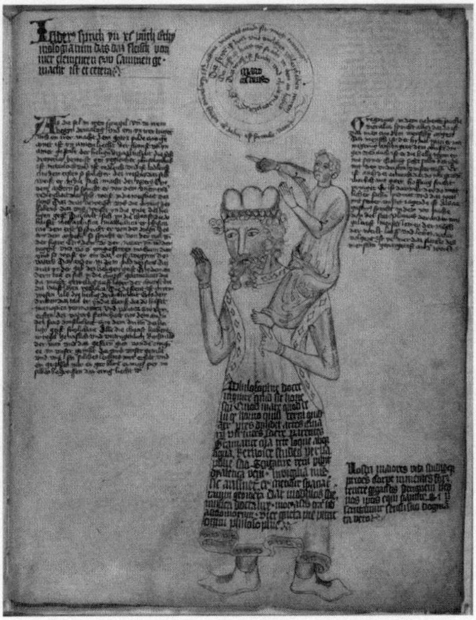

그리스 신화 속 오리온과 케달리온[1]

1 그림 출처: Library of Congress. Rosenwald 4. Wikimedia Commons. https://commons.m.wikimedia.org/wiki/File:Library_of_Congress,_Rosenwald_4,_Bl._5r_cropped.jpg

분명 거인의 어깨 위에 올라서면 더 멀리 볼 수 있을 것이다. 거인을 이용하여 함께 움직이면 자신이 가고자 하는 곳으로 효율적으로 갈 수 있다. 그런데 여기서 한 가지 짚고 넘어가야 할 중요한 포인트가 있다. 바로 거인이 눈이 멀었다는 사실이다.

눈먼 거인, 챗GPT

만약 난쟁이가 눈이 먼 거인의 어깨에 올라탄 채로 그가 안내하는 대로만 수동적으로 따라간다면 어떻게 될까? 거인은 눈이 멀었기 때문에 어떤 방향이 올바른 방향인지 알 수 없다. 몸이 크기 때문에 어디로든 쉽게 움직이지만 그 방향성을 설정하고 이용하는 것은 철저하게 난쟁이의 몫이다.

교실에서 챗GPT 이용의 핵심은 학생과 교사에게 달려있다. 교사는 먼저 챗GPT라는 거인의 특성을 이해해야 한다. 그리고 학생들이 챗GPT라는 거인을 자유자재로 활용할 수 있도록 도전과 실험을 해보도록 장려해야 한다. 무엇보다 학생들이 챗GPT라는 거인의 어깨 위에 안전하게 올라탈 수 있도록 도와야 한다. 그리고 학생들이 챗GPT로 대표되는 생성형 인공지능을 올바른 목적을 가지고 바르게 이용할 수 있도록 방향을 설정하고 안내하는 역할을 해야 한다.

'어떻게 하면 챗GPT라는 거인을 더 잘 이용할 수 있을까?'
'거인에게 어떻게 질문해야 거인을 더 잘 움직일 수 있을까?'
'교사와 학생이 챗GPT라는 거인을 이용할 때 주의해야 할 점은 무엇일까?'

이러한 질문을 던지며 챗GPT라는 거인과 30일간의 동행 끝에 나는 수업에 활용할 수 있는 '네 가지 질문과 한 가지 생각'이라는 아이디어로 STAR'S 모형을 만들었다.

챗GPT 수업 모형 SATR'S

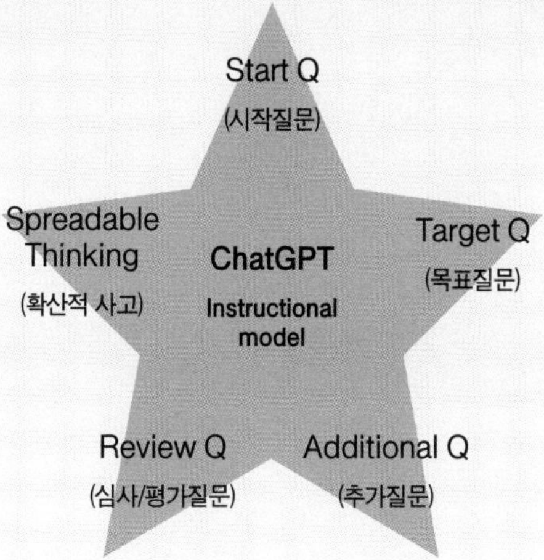

1장

챗GPT 교실 수업에서 교사와 학생

챗GPT와 함께하는 수업 여정에 필요한 것

아들이 학원 숙제를 한다. 자세히 보니 수학 문제집의 문제를 찍어 올리면 답이 나온다는 어플을 보고 정답을 적고 있다.

"그래도 문제를 직접 풀어봐야 하지 않을까?"

"정답이 이미 정해져 있는 건데 이걸 뭐 하러 풀어. 그럴 시간에 정답을 아는 곳에 물어보면 금방 해결되는걸."

아들의 반론에 더 이상 말을 잇지 못한다. 수학 문제를 손으로만 풀 줄 알았던 나의 세대와는 완전히 다르다.

MZ세대들의 사고방식은 기성세대의 사고방식과 차원이 다르다. 매우 생소하고 이상하게 느껴지지만 곰곰이 곱씹어 생각해보면 상당히 일리가 있다. 이미 정답을 아는 것을 풀고 있을 시간에 더 재미있고 창의적인 일을 하면 되는 것이다. 앞으로 단순한 계산은 로봇이 대신 해줄 것이기 때문에 인간은 다른 것을 해야 한다는 논리이다.

사실 어떻게 변할지 모르는 급변하는 시대를 살아가기 위해 미래 교실에서 요구되는 것은 어쩌면 시험 문제 풀이 기술을 습득하는 것이 아니라 지식을 빠르게 활용하여 생존할 수 있도록 하는 '판단력'이나 '비판적 사고'와 같은 고차원적인 기술을 훈련하는 것일지도 모른다.

챗GPT로 대표되는 생성형 인공지능의 등장은 사회의 모든 면에서 충격을 안겨 주었지만 그중에서 교사에게 주는 충격은 단연코 최고이다. 소크라테스의 문답식 수업에서부터 지금까지 교육은 '학생과 교사와의 대화를 통한 성장'을 그 본질로 하였다. 그런데 교사 말고 학생과 대화를 할 수 있는, 그것도 거의 모든 분야에 폭넓은 지식을 갖고 있으며, 어떤 질문에도 끄떡없이 대답해주는 챗GPT의 등장은 교사의 존재 이유를 무색하게 할 만큼 획기적이면서도 충격적이다.

그동안 묵묵히 교직의 길을 걷고 있었던 교사에게 코로나19로 인한 온라인 수업 정도는 어느 정도 넘어설 수 있는 벽이었다. 교육의 공간을 오프라인에서 온라인으로 옮기는 기술적인 문제 정도라고나 할까. 그러나 챗GPT의 등장은 지금까지 해왔던 교육의 본질적인 부분에 문제를 제기하고 있다. 지금까지 열심히 달려왔던 교사들은 '앞으로 교사는 어떻게 되는 것일까?', '교사는 학생에게 무엇을 해줄 수 있을까?'와 같은 질문을 던지지 않을 수 없다.

이러한 상황에서 교사뿐만 아니라 학생도 혼란스러운 것은 마찬가지다. 선생님이 내주신 숙제를 챗GPT에게 물어보면 멋지고 그럴싸한 대답을 만들어준다. 교과서나 여러 가지 자료를 찾아보고 해야 했던 숙제는 이제 챗GPT만 있으면 몇 분 만에 해결된다. 챗GPT는 숙제만 해주는 것이 아니라, 연설문도 써주고, 소설도 써주며, 어렵다는 의학 시험이나 변호사 시험도 거뜬히 통과한다.

이제 어디에 몸담고 있든지 생성형 인공지능을 자신의 영역에 활용하지 못하는 사람은 어떤 식으로든 생산성이 떨어지고 뒤처질 수밖에 없다. 그렇다면 교육 현장에서 챗GPT와의 동행이라는 정처 없는 새로운 길에 들어선 교사에게는 무엇이 필요할까?

질문하는 학생과 대답하는 챗GPT, 그리고 그 어딘가의 교사

챗GPT는 기본적으로 질문에 대한 대답을 만들어주는 언어 인공지능이다. 질문만 잘해도 챗GPT에게서 얻어낼 수 있는 것은 무궁무진하다. 여기서 관건은 '어떻게 질문할 것인가?' 하는 것이다.

사실 '질문하기'는 대답하기보다 더 어렵다. 지금 3초 내로 마음속에 질문거리를 하나 떠올려보자. 대부분이 구체적인 질문이 떠오른다기보다는 머릿속이 하얘지는 것을 경험할 것이다. 그렇지만 평소에 궁금한 것이 많았던 사람, 호기심이 많은 사람은 예외이다. 이런 사람들이라면 아마 머릿속에서 벌써 여러 가지 질문을 떠올릴 수 있을 것이다.

대우자동차 최연소 이사로 임명되었다가 돌연 사직서를 제출하고 IBS컨설팅그룹에서 일했던 한근태는 《고수의 질문법》에서 '질문이란 내가 아는 것과 더 알고 싶은 것 사이의 간극을 줄이기 위해 나오는 것'이라고 이야기한다. 아무것도 모르면 질문조차 할 수 없다. 질문을 하기 위해서는 '내가 무엇을 알고 있는지(지식)'와 동시에 '나는 그것에 대해 앞으로 무엇을 알고 싶은지(욕구)'를 알아야만 한다. 역설적이게도 내가 무엇을 모르는지 질문해야 제대로 된 질문을 할 수 있는 것이다.

사실 선생님이 내는 문제를 푸는 것은 그리 어렵지 않다. 그러나 챗GPT를 이용하여 수업하려면 학생은 반대로 질문 곧 문제를 직접 만들어야 한다. 전통적으로 '문제 내는 교사'와 '대답하는 학생'이 교육의 모습이었다면, 이제는 '문제를 내는 학생'과 '대답하는 챗GPT', 그리고 '이 둘 사이의 어딘가의 교사'라는 모습이 교실 속에서 새롭게 연출되는 것이다.

M. 닐 브라운·스튜어트 M. 킬리는 《11가지 질문 도구의 비판적 사고력 연습》에서 두 가지 사고방식에 대해 이야기한다. 한 방법은 '스펀지'처럼 지식을 빨아들이는 것이고, 다른 하나는 '채금식'처럼 거름 장치를 통해 지식을 습득하는 것이다. '채금식panning-for-gold'이라는 것은 강바닥에 있는 자갈과 금을 구별하기 위해 거름체를 사용하는 것처럼 적극적이면서도 신중한 방식으로 지식을 습득하는 것을 말한다.

교실 수업에서 챗GPT를 사용할 때 반드시 유념해야 하는 것은 챗

GPT의 지식을 절대로 스펀지처럼 빨아들이기만 해서는 안 된다는 것이다. 챗GPT가 생성하는 지식은 마치 사실인 것처럼 보이지만, 이를 여과 없이 그대로 받아들이기만 하면 자칫 위험한 결과를 초래할 수도 있다. 무수한 모래와 자갈 사이에서 금을 걸러내기 위해서는 지식을 빨아들이기만 해서는 안 된다. 대신 지식 획득 과정에서 지식과 '적극적인 상호작용'을 해야 한다. 그리고 학생과 챗GPT의 적극적인 상호작용을 이끌어내기 위해서는 교사의 지식에 대한 비판적 안목과 적극적 개입이 반드시 필요하다.

'질문하는 학생과 대답하는 챗GPT'의 교실에서 교사는 학생이 학습에 적합한 방향성을 갖고 적극적인 질문자가 될 수 있도록 유도해야 한다. 또한 챗GPT가 생성해 놓은 대답이 학생들에게 탐구 자료로 활용될 수 있도록 걸러주며, 학생-챗GPT 또는 학생과 학생의 상호작용을 돕는 중간자가 되어야 한다.

강바닥에 있는 모래에서 금을 건져 올리기 위해서 '체'라는 도구가 필요하듯이 챗GPT 수업에서도 도구가 필요하다. 나는 그 도구가 **'지도와 칼'**이라고 생각한다.

챗GPT는 비밀의 화원과 같다. 그 화원의 문을 여는 열쇠는 나에게 주어져 있으며, 그곳에 들어가는 문과 열쇠가 무수히 많아서 자칫 잘못

챗GPT Q&A

Q: 새로운 길을 걸어가려는 사람에게 지도와 칼이 필요하다고 생각해?

A: 새로운 길을 걸어가려는 사람이란 새로운 도전과 변화를 시도하는 사람을 말하는 것 같습니다. 이러한 사람들에게는 지도와 칼 모두 필요합니다.

지도는 새로운 길을 찾아갈 때 어떤 방향으로 가야 할지, 어떤 경로를 선택해야 하는지 등을 안내해주는 역할을 합니다. 이는 새로운 분야나 새로운 도전을 시도하는 경우에도 마찬가지입니다. 이전에 경험하지 못한 일을 시도할 때는 불확실성이 많기 때문에, 지도를 통해 충분한 정보를 수집하고 계획을 세워야 합니다.

반면에 칼은 새로운 길을 걸어가는 도중에 발생할 수 있는 어려움이나 문제를 해결하기 위한 수단으로 사용됩니다. 즉, 새로운 도전을 시도할 때에는 실패할 가능성이 높기 때문에 이에 대처하기 위한 대비책이 필요합니다. 이런 상황에서 칼은 새로운 문제를 대처하기 위한 능력이나 기술을 가리키는 것으로 생각할 수 있습니다.

따라서, 새로운 길을 걸어가려는 사람은 지도와 칼 모두를 준비해야 합니다. 지도를 통해 충분한 정보를 수집하고 계획을 세우며, 칼을 통해 발생할 수 있는 문제나 어려움에 대처할 능력을 갖춰야 합니다.

하면 내가 어떤 길로 가고 싶었는지 잊어버리는 상황이 발생한다. 여기서 필요한 것은 나만의 '지도'를 만들어가는 일이다. 그리고 위험에 처했을 때 나를 방어할 수 있는 '칼'이 한 자루 필요하다.

지금부터 그 **'지도와 칼'**에 대해 소개하고자 한다.

2장

챗GPT를 활용한 교실 수업 방법

STAR'S란?

아주 오래전 사람들은 별을 이용하여 길을 찾곤 했다. 옛날 거상이나 항해사들은 북극성으로 일단 기준을 잡고 나면 별자리를 이용해서 정확한 방향을 찾아 그리로 나아갔다. 별을 이용해 방향을 찾던 과거에서, 인류가 인공지능이라는 기술을 개발하고 사용하게 된 현대까지 진보해 온 것을 보면 조상님들의 방법이 틀리지는 않았나 보다.

챗GPT를 수업에 이용하는 교사들을 위해 이정표가 될 만한 것이 꼭 필요하다고 생각했다. 인공지능과 함께 30일을 매일 질문하며, 수업 방법에 대해 고민하여 얻은 결과는 바로 '별: STAR'S'이었다.

인공지능 수업에서 꼭 필요한 질문 과정의 영문 머리글자를 딴 것이 STAR이며 여기에 S를 하나 덧붙였다. 북극성으로 방향을 설정하되, 다른 수많은 별자리를 이용하여 내가 가고자 하는 방향으로 항해하는 방법과 유사하다. 이중 STAR는 '지도'에 해당하며, S는 '칼'에 해당한다. STAR'S는 챗GPT와 함께하는 여행길에 온전히 내가 가고자 하는 곳에 안전하게 도착할 수 있도록 하는 도구이자 무기가 될 것이다.

STAR'S

시작 질문(Start Q)

목표 질문(Target Q)

추가 질문(Additional Q)

심사/평가 질문(Review Q)

확산적 사고(Spreadable Thinking)

1. 시작 질문(Start Question)

챗GPT로 수업하기 위해서 먼저 필요한 것은 질문을 '시작'하는 것이다. 그러나 질문은 그렇게 순순히 나오는 것이 아니다.

대학교 2학년 때 취업 준비를 시작하며 학교 부설 어학원에 등록하여 '레벨 테스트'를 받았을 때의 일이다. 영어로 간단히 영어 회화 수준을 테스트하고, 그 결과에 따라 나에게 맞는 반이 배정된다고 했다. 그때 테스트하는 사람으로부터 받은 질문이 "나에게 아무 질문이나 해보세요"하는 것이었다. 그 질문을 받는 순간 나는 갑자기 머리가 멍해졌다. 그리고 그분에게 "나이가 어떻게 되세요?", "결혼은 하셨어요?"라고 물어봤다. 내가 했던 두 가지 질문은 서양 문화에서는 처음 만나는 사람에게 금기시되는 개인적인 질문이라는 것을 나중에야 알게 되었다.

챗GPT를 활용하여 수업할 때도 갑자기 질문을 하라고 요구받은 학생은 당황하게 마련이다. 처음에 어색하고 힘들게 시작한 질문은 나중에 정작 중요한 질문을 해야 할 때까지 머리가 제대로 돌아가지 않는 결과를 초래한다.

그래서 처음 챗GPT와 수업을 시작할 때 "Start Q" 즉, "시작 질문"이 필요하다.

시작 질문(Start Q)의 예

① 일상
② 고민
③ 지금 나의 기분
④ 기타 등등

시작 질문은 위에 나열한 어떤 것이든 가능하다. 챗GPT와 말문을 트고, 챗GPT와의 대화에 익숙하게 하며 딱딱하게 굳어있는 마음을 부드럽게 해보는 것이다.

어떤 사람과 대화를 시작할 때 '라포' 형성이 중요하다고 한다. 이는 챗GPT와의 대화에서도 다를 바가 없다. 여기서 '라포'는 챗GPT와 인간적인 관계를 형성한다기보다는, 나의 질문을 챗GPT가 듣고 이해할 수 있으며, 챗GPT가 나의 어떤 질문에 대해서도 대답할 수 있다는 특성을 이해하고 보다 다양한 질문을 시도해보는 것에 목적이 있다.

실제로 챗GPT는 여러 가지 일상적인 질문에도 다양한 답을 내놓는다. 챗GPT를 사용하여 '질문-대답하기' 활동을 위한 기초 단계로 필요한 것은 '아무것이나 질문해보기'라고 생각한다.

챗GPT Q&A

Q: 오늘 나는 3월 첫 개학을 맞아 약간 떨리지만 기대되는 마음이 있어. 내 마음을 어떻게 생각해?

A: 당신이 오늘 개학을 맞아 떨리면서도 기대하는 마음을 가지고 있다는 것은 멋진 일입니다! 이것은 새로운 경험에 대한 열린 마음과 호기심을 보여주며, 성장과 발전을 위한 준비가 되어있다는 것을 의미합니다.
때로는 새로운 환경에서 적응하는 것이 어려울 수 있지만, 이러한 도전은 당신이 성장하고 발전할 수 있는 기회입니다. 자신에게 도전하고 새로운 것을 배우며 발전하는 것은 자신의 자신감과 능력을 향상시키는 데 도움이 됩니다.
그러므로 당신의 마음을 긍정적으로 생각하고, 자신에게 도전하면서 새로운 경험을 즐기며 발전해 나가길 바랍니다. 파이팅!

챗GPT는 나의 감정에 대해 공감적인 표현을 보여주기도 한다.

때로는 결정 장애와 같은 골치 아픈 문제를 해결하는 질문을 해보는 것도 가능하다.

챗GPT Q&A

Q: 짜장면과 짬뽕 중에 무엇을 선택하는 것이 좋을까? 혹시 짬짜면이라고 들어봤어?

A: 짜장면과 짬뽕은 둘 다 대표적인 중국 요리 중 하나로, 중국 요리를 좋아하시는 분들에게는 두 가지 모두 맛있게 먹히는 음식입니다. 하지만 두 가지 음식은 약간의 차이가 있기 때문에 개인의 취향과 상황에 따라 선택할 수 있습니다.

짜장면은 달콤하고 짭짤한 맛이 특징이며, 짬뽕은 매콤하고 깊은 감칠맛이 특징입니다. 따라서 매운 음식을 좋아하고 겨울철에 먹는 것이 좋은 짬뽕을 원한다면 짬뽕을 선택하는 것이 좋습니다. 반면에 달콤한 맛과 짭짤한 맛이 어울리는 짜장면은 가볍게 먹고 싶을 때나, 양념이 약간 짭조름한 것을 좋아하는 경우에는 짜장면을 선택하는 것이 좋습니다.

또한, 짬짜면은 짜장면과 짬뽕을 섞어 먹는 것으로, 짜장면과 짬뽕을 모두 좋아하는 경우에 추천할 만한 메뉴입니다. 그러나 짬짜면은 매우 짭짤한 맛이기 때문에, 많이 먹으면 소화에 불편을 느낄 수 있으므로 적당한 양으로 먹는 것이 좋습니다.

그런데 짬짜면을 짜장면과 짬뽕을 섞어 먹는 것이라고 말하는 챗GPT는 짬짜면에 대해서 잘 모르지만 아는 척을 하고 있는 것 같다.

2. 목표 질문(Target Question)

"나는 한 놈만 팬다."라는 말처럼 목표(타깃)를 정해놓고 덤비는 사람만큼 무서운 것은 없다.

챗GPT 수업에서 필요한 두 번째 질문은 바로 'Target Q: 목표 질문'이다. 목표 질문은 '오늘 수업의 목표'에 직접적으로 도달하기 위한 과정을 말한다.

목표 질문은 나의 '의도'와 '목적'을 명확하게 해서 내가 얻고자 하는 목표에 효율적으로 다가가는 방법이다.

목표 질문(Target Q)의 예

인공지능 윤리에 대한 수업을 한다고 가정하자. 인공지능 윤리와 관련된 성취 수준은 정보 교과의 〈인공지능 기초〉 교육과정[1]에서 찾아볼 수 있다.

(4) 인공지능의 사회적 영향

[1] 사회적 문제 해결

[12인기04-01] 인공지능이 미래사회에서 해결하게 될 여러 가지 사회적 문제를 예측하고 인공지능의 역할을 제시한다.

[2] 데이터 편향성

[12인기04-02] 축적된 데이터의 질과 양, 인간의 편향적 성향이 인공지능의 수행 결과에 미치는 영향을 탐색하고, 올바른 데이터 활용의 중요성을 인식한다.

[3] 윤리적 딜레마

[12인기04-03] 인공지능 사회에서 고려해야 할 윤리적 딜레마에 대한 충분한 사회적 논의의 필요성을 인식한다.

[4] 사회적 책임과 공정성

[12인기04-04] 인공지능 사회의 구성원으로서 인공지능 윤리의 중요성을 인식하고 사회적 책임감을 갖고 공정성을 추구할 수 있는 방안을 제시한다.

이를 바탕으로 수업할 때의 목표 질문은 다음과 같다.

---

1 교육부 고시 제 2020-236호 2015 개정 교육과정 중 고등학교(2020.09) 개정 교육과정

❶ 학습 '키워드'를 찾기 위한 질문

질문 자체를 학습 키워드를 찾기 위한 목적으로 한다.

챗GPT Q&A

Q: 여기서 학습해야 할 핵심 키워드를 찾아줘.

[1] 사회적 문제 해결[12인기04-01] 인공지능이 미래사회에서 해결하게 될 여러 가지 사회적 문제를 예측하고 인공지능의 역할을 제시한다.

[2] 데이터 편향성[12인기04-02] 축적된 데이터의 질과 양, 인간의 편향적 성향이 인공지능의 수행 결과에 미치는 영향을 탐색하고, 올바른 데이터 활용의 중요성을 인식한다.

[3] 윤리적 딜레마[12인기04-03] 인공지능 사회에서 고려해야 할 윤리적 딜레마에 대한 충분한 사회적 논의의 필요성을 인식한다.

[4] 사회적 책임과 공정성[12인기04-04] 인공지능 사회의 구성원으로서 인공지능 윤리의 중요성을 인식하고 사회적 책임감을 갖고 공정성을 추구할 수 있는 방안을 제시한다.

A: 핵심 키워드

- 사회적 문제 해결
- 데이터 편향성
- 윤리적 딜레마
- 사회적 책임과 공정성

위에서는 비교적 짧은 글을 예로 들었지만, 챗GPT는 논문과 같이 복잡하고 읽기 어려운 글도 단숨에 분석하여 키워드를 제시해주기도 한다.

❷ 학습 '키워드' 자체에 관한 질문

학습 키워드를 곧바로 물어본다. 키워드 두 개를 조합하여 다음과 같이 질문해 볼 수도 있다.

챗GPT Q&A

Q: 인공지능의 데이터 편향성으로 인해 발생하는 윤리적 딜레마의 사례에 대해 말해줘.

A: 인공지능의 데이터 편향성은 인공지능 모델이 훈련 데이터에서 불균형하게 나타나는 편향을 배우고 이를 반영하는 것을 의미합니다. 이러한 편향성은 인공지능의 예측 결과가 공정하지 않고, 결국은 인간의 편견과 같은 결과를 초래할 수 있습니다. 이에 따라 인공지능의 데이터 편향성으로 인해 발생하는 윤리적 딜레마는 다양한 사례가 있습니다.

예를 들어, 인공지능 모델을 사용한 채용 과정에서는 훈련 데이터에서 출신 대학이나 성별 등과 같은 인종, 성별, 국적 등의 특정한 속성이 가중치가 높게 반영되어 채용 결과에 영향을 미치게 됩니다. 이는 해당 기업이나 채용 과정에서 인종, 성별, 국적 등의 차별을 만들어 낼 수 있습니다.

또 다른 예는 범죄 예측에 관한 것입니다. 인공지능 모델은 범죄 예측 모델을 훈련시킬 때, 특정 지역이나 인종, 경제적 지위와 같은 특정한 속성을 강조하여 학습할 수 있습니다. 이 경우, 모델은 특정 인종이나 지역의 범죄율이 높다는 편향된 결론을 내리게 되며, 이로 인해 인종 차별 등의 문제가 발생할 수 있습니다.

또한, 인공지능을 시용한 의료 진단 분야에서도 데이터 편향성 문제가 발생할 수 있습니다. 예를 들어, 인공지능 모델이 학습한 데이터셋에서는 특정 인종이나 지역에서 발생하는 질병이 다른 지역이나 인종보다 더 높게 나타날 수 있습니다. 이 경우 모델은 해당 인종이나 지역의 환자를 다른 인종이나 지역의 환자보다 더 위험한 환자로 분류할 가능성이 높아지며, 이는 인종 차별이나 의료 부조리 등의 문제를 발생시킬 수 있습니다.

이러한 윤리적 딜레마를 해결하기 위해서는, 데이터 수집과 훈련 과정에서 다양한 속성들이 골고루 반영되도록 하는 것이 중요합니다.

TIP

위의 대답을 참고하여 즉석에서 모둠 수업을 설계해 볼 수 있다.

1모둠: 채용 과정에서의 편향성에 관한 토의 및 해결방안 모색
2모둠: 범죄 예측에서의 편향성에 관한 토의 및 해결방안 모색
3모둠: 의료 진단 분야에서의 편향성에 관한 토의 및 해결방안 모색

❸ 목표 도달 '방법'에 관한 질문

목표에 도달하기 위한 '방법'이 무엇인지 질문한다.

챗GPT Q&A

Q: 어떻게 하면 선한 영향력과 긍정적인 가치를 전파하고, 이를 통해 세상을 더 나은 곳으로 만들 수 있을까?

A: 선한 영향력과 긍정적인 가치를 전파하고 세상을 더 나은 곳으로 만들기 위해서는 다음과 같은 방법들이 있을 수 있습니다.

1. 자신의 행동과 **h머니말**을 통해 긍정적인 가치를 전파해보세요. 존중, 인내, 자비, 공감 등과 같은 가치들을 실천하고, 타인에게도 이를 권장하면서 전파할 수 있습니다.
2. 다양한 책이나 글, 강의, TED 등의 영상 등을 통해 선한 가치와 영향력을 배우고, 이를 실천할 수 있도록 노력하세요. 이를 통해 자신의 시야를 넓히고, 타인과의 대화와 교류에서도 좀 더 인상적인 영향력을 발휘할 수 있습니다.
3. 예의와 배려, 감사 등의 소소한 행동들을 실천하세요. 누구든지 인정하고 감사할 만한 작은 일들을 주위에 많이 하면서 자신의 모습을 따뜻하고 친근하게 유지할 수 있습니다.
4. 타인을 위한 일을 자발적으로 하면서 선한 가치를 실천하세요. 이를 통해 주위 사람들에게 긍정적인 영향력을 끼치며, 그들도 자연스럽게 이를 따라 하게 됩니다.
5. 소셜미디어 등을 통해 타인에게 긍정적인 메시지나 이야기를 전파하세요. 이를 통해 인터넷상에서도 긍정적인 영향력을 끼치며, 세상을 더 나은 곳으로 만드는 노력에 일조할 수 있습니다.
6. 교류와 협력을 통해 세상을 더 나은 곳으로 만들기 위해 노력하세요. 다양한 사람들과 만나 대화를 나누며, 서로의 생각과 경험을 공유하고 협력하는 과정에서 좀 더 나은 세상을 위한 아이디어와 해결책을 만들어 낼 수 있습니다.
7. 자신이 속한 공동체와 지역사회에 봉사하고, 그들을 돕는 방법을 찾아보세요. 이를 통해 선한 영향력과 가치를 전파하며, 그들의 삶을 더 풍요롭고 안정적으로 만들어 나갈 수 있습니다.

Q: h머니말이 뭐야?

A: 죄송합니다. 제가 전달하려고 한 내용에서 오타가 발생한 것 같습니다. "h머니말"은 제가 전달하려고 했던 내용이 아니며, 오타로 인해 이상한 단어가 나온 것 같습니다. 정확한 표현은 "좋은 말"이었습니다. 즉, 자신의 행동과 좋은 말을 통해 긍정적인 가치를 전파할 수 있다는 것이었습니다. 이 부분에 혼동을 드려 죄송합니다.

챗GPT도 오타를 치는 경우가 있다. 그리고 위에서 볼 수 있듯이 그럴듯해 보이기는 하나 자세히 읽어보면 일반론을 단순히 나열해 놓는 수준인 경우가 많다. 따라서 챗GPT의 일반적인 아이디어를 구체화하기 위한 추가적인 토의가 반드시 필요하다. 챗GPT의 일반론적 한계를 확장시키는 것은 어디까지나 질문하는 사람의 몫이다.

효과적인 '목표 질문' 요령

목표에 빠르게 효율적으로 접근하기 위한 질문을 해야 할 때, 테리 J. 파뎀의 《애스킹Asking》에서 이야기하는 몇 가지를 참고해볼 만하다. 테리 J. 파뎀은 제대로 된 질문만이 제대로 된 결과를 만들어 낼 수 있다고 말하며, 질문 기술을 향상시키는 방법에 대해 조언한다.

그가 제시하는 '질문 전 떠올려야 하는 7가지 기본 사항'은 챗GPT에게 질문할 때도 유효하다. 그중 '대상: 이 사람에게 물어보는 게 맞나?'와 '함축된 의미와 암시: 질문 결과 예측'을 제외한 5가지를 다음과 같이 적용해볼 수 있다.

챗GPT에게 질문할 때 머릿속에서 파악해야 하는 기본 사항

① 자료: 나에게 필요한 것은 무엇인가?
② 명확성: 나의 질문은 구체적인가?
③ 의미/상황: 왜 내가 이것을 지금 알아야 하나?
④ 반응: 대답을 들었을 때 무엇을 해야 하나?
⑤ 방식: 어떻게 물어봐야 하나?

챗GPT는 질문 요령에 대해 다음과 같이 조언한다.

챗GPT Q&A

Q: 챗GPT에게 질문을 잘하는 법은 뭘까?

A: 1. 구체적이고 명확한 질문을 하세요: 질문을 구체적으로 하면 챗GPT가 더 정확한 답변을 제공할 수 있습니다. 모호한 질문을 하면 챗GPT가 제공하는 답변도 모호할 가능성이 큽니다.

2. 질문의 범위를 제한하세요: 질문의 범위를 제한하면 챗GPT가 더 정확한 답변을 제공할 수 있습니다. 너무 넓은 범위의 질문을 하면 챗GPT가 답변을 준비하는 데 시간이 오래 걸릴 수 있습니다.

3. 예시와 함께 질문하세요: 예시를 들면 챗GPT가 답변을 준비하는 데 도움이 됩니다. 예를 들어, "나는 어떤 컴퓨터를 사야 할까요?" 대신 "저는 3,000불 이하의 노트북을 사고 싶습니다. 어떤 제품이 가성비가 좋을까요?"와 같이 구체적인 예시를 들면 더욱 정확한 답변을 받을 수 있습니다.

4. 답변의 목적을 명확히 하세요: 답변의 목적이 무엇인지 명확히 하면 챗GPT가 더 적절한 답변을 제공할 수 있습니다. 예를 들어, "현재 제주도의 날씨는 어떤가요?" 대신 "내일 제주도 여행을 가는데 날씨가 어떨지 궁금합니다."와 같이 답변의 목적을 명확히 하면 더욱 정확한 답변을 받을 수 있습니다.
5. 더 많은 정보를 제공하세요: 질문에 관련된 추가 정보를 제공하면 챗GPT가 더 정확한 답변을 제공할 수 있습니다. 예를 들어, "마이크로소프트 오피스에서 문서를 어떻게 저장하나요?" 대신 "마이크로소프트 워드에서 문서를 어떻게 저장하나요? 제 컴퓨터는 윈도우10 운영체제를 사용합니다."와 같이 추가 정보를 제공하면 더욱 정확한 답변을 받을 수 있습니다.

이에 대해 추가 질문을 이어 나가 보았다.

챗GPT Q&A

Q: 구체적이고 명확한 질문을 하려면 어떻게 해야 할까?

A: 구체적이고 명확한 질문을 하려면 다음과 같은 방법을 시도해볼 수 있습니다.

1. 질문의 주제와 관련된 핵심 용어와 개념을 정리합니다.
2. 질문이 무엇인지, 질문의 목적과 범위가 무엇인지 파악합니다.
3. 질문에 대한 답변이 필요한 배경과 상황을 이해합니다.
4. 질문에 대한 예시나 세부사항을 추가합니다.
5. 질문을 가능한 간결하게 작성합니다.

예를 들어, "어떤 차량을 구매해야 할까요?"라는 질문은 모호하며, 적절한 답변을 얻기 어렵습니다. 하지만 "1,000만 원 이하 예산으로 중고차를 구매하려면 어떤 브랜드와 모델을 추천하나요?"와 같이 구체적인 질문은 특정한 상황과 요구사항에 대한 명확한 답변을 얻을 수 있도록 도와줍니다.

따라서, 구체적이고 명확한 질문을 하기 위해서는 질문의 목적과 범위를 파악하고, 관련 용어와 개념을 이해하며, 추가적인 정보와 예시를 제공하여 질문을 명확하게 작성하는 것이 중요합니다.

Q: 질문을 잘하는 방법은 뭘까?

A: 질문을 잘하는 방법에는 다양한 방법이 있겠지만, 일반적으로 다음과 같은 방법들이 효과적입니다.

1. 목적을 분명하게 정하기: 질문을 할 때는 명확한 목적이 있어야 합니다. 그렇지 않으면 상대방도 어떤 대답을 해야 할지 모르게 됩니다.
2. 열린 질문하기: 단순히 예/아니오 대답으로 끝나는 질문보다는 상대방의 생각이나 의견을 더 들을 수 있는 열린 질문을 하는 것이 좋습니다.
3. 명확하게 표현하기: 질문할 내용이 복잡하거나 어려운 경우에는 명확하게 표현하는 것이 중요합니다.
4. 상황에 따라 적절한 질문 방식 사용하기: 질문 방식은 상황에 따라 다르게 사용해야 합니다. 일반적인 질문이나 열린 질문, 간접적인 질문 등 상황에 맞게 적절한 질문 방식을 선택하는 것이 중요합니다.
5. 질문에 대한 대화를 이어 나가기: 질문을 한 뒤에는 상대방의 대답을 잘 듣고, 대화를 이어 나가는 것이 중요합니다. 이를 통해 서로에 대한 이해를 높이고, 의사소통을 원활하게 할 수 있습니다.

챗GPT에게 질문하고, 그 결과를 통해 대화를 이어 나가는 문답도 결국 의사소통의 일종이다.

3. 추가 질문(Additional Question)

육각형 주사위를 던졌을 때 6이 나올 확률은 몇일까?

답은 1/6이지만 사실 이것은 확률적인 답에 불과하다. 내가 주사위를 네 번 던졌는데 네 번 다 6이 나왔다면 확률은 100%이다. 만약 수십 번을 던졌어도 6이 한 번도 나오지 않는다면 확률은 제로라고 말할 수도 있는 것이다.

챗GPT는 언어 빈도분석을 통한 '확률적' 반응 모델을 기본으로 하고 있다. 예를 들어 한국 청소년이 선호하는 음식으로 치킨에 대한 언급이 많았다면, 챗GPT는 한국 청소년이 선호하는 음식으로 '치킨'을 꼽아서 답을 할 것이다.

챗GPT는 가까운 빈도로 함께 등장하는 단어를 학습한다. '중2'와 함께 '병'이 많이 등장하므로, '중2병' 정도는 챗GPT가 학습을 통해 알고 있는 단어이다. 그러나 '중2' 때 가는 첫 '수학여행'처럼 어느 정도의 빈도로 함께 묶여있는 단어도 있으므로 '중2'에 대해 반복적으로 물어볼 경우 챗GPT는 '병'뿐만 아니라 '수학여행'도 언급할 수 있다. 챗GPT는 어디까지나 확률로 반응하기 때문이다.

초록색 구슬이 많이 들어있는 뽑기 기계가 있다. 여기에 아주 간혹 하얀색 구슬이 껴있다고 치자. 이 뽑기 기계는 주로 초록색 구슬을 내놓지만, 아주 가끔 하얀색 구슬도 내놓는다. 사실 챗GPT는 물어볼 때마다 같은 대답을 내놓는 것은 아니다. 또한 똑같은 질문도 여러 번 반복해서 물어보면 그때그때 조금씩 다른 대답을 내놓기도 한다.

이와 같은 확률 원리로 만들어진 챗GPT에게 같은 질문을 여러 번 반복하다 보면 더 개선된 답을 내놓기도 하고, 의외의 답을 내놓는 경우도 있다. 수업을 할 때 챗GPT에게 여러 번 반복해서 물어봐야 하는 이유는 여기에 있다. 챗GPT를 도구로 사용하는 경우 반복 질문은 매우 필요하다. 같은 수업 목표를 정했다고 해도, 그것에 도달할 수 있는 방법은 달라질 수 있다.

특히 챗GPT는 언어를 통해 의사소통하는 도구이므로 질문할 때 '어떤 단어를 사용하는가'가 매우 중요하다. 《질문하는 기술(The Art of Asking Questions)》의 저자 스탠리 패인Stanley L. Payne은 "질문할 때 사용하는 단어에 유의해야 하는 가장 큰 이유는 질문자가 생각하는 문제와 응답자가 대답하는 문제가 일치하도록 하기 위함이다."라고 말한다. 같은 목표를 가진 질문이라고 할지라도 어떤 단어를 사용하여 물어보았는가에 따라 챗GPT의 응답이 달라지기도 한다. 따라서 다음과 같은 '추가 질문' 요령이 필요하다.

'추가 질문'의 두 가지 요령

① 묻고 또 묻기
② 답변 내용에 대해 캐묻기

특히 챗GPT는 주로 일반적인 대답만을 내놓기 때문에 답변에 나온 내용을 활용하여 캐묻다 보면 좀 더 구체적인 대답을 하기도 한다. 마치 면접관이 어떤 질문을 하고, 면접자가 응답한 내용 중에 특이한 사항이 있으면 꼬리에 꼬리를 물고 물어보며 면접자에 대해 더 자세히 파악하는 방식과 같다.

챗GPT Q&A

Q: 너에게 사람들이 자꾸 의존하게 되는 문제에 대해 어떻게 생각해?

A: 저는 인공지능 언어 모델인 챗GPT이기 때문에, 사람들이 왜 저와 같은 기술에 의존하게 되는지를 이해할 수 있습니다.

저와 같은 기술이 발전하면서 우리는 더 많은 정보와 지식을 얻을 수 있게 되었습니다. 그러나 이러한 기술이 너무나 강력해지면, 사람들은 그것에 너무 의존하게 됩니다. 그것이 좋은 일이 아닙니다.

우리는 항상 스스로 생각하고, 문제를 해결하는 능력을 갖추어야 합니다. 이러한 능력을 키우는 가장 좋은 방법은 다양한 경험을 쌓고, 스스로 문제를 해결해 보는 것입니다. 또한, 다른 사람들과 협력하여 문제를 해결하는 것도 중요합니다.

그렇기 때문에, 저와 같은 기술을 사용하는 것은 도구일 뿐입니다. 우리는 여전히 **스스로 생각하고, 문제를 해결할 수 있는 능력**을 가져야 합니다.

Q: 사람들이 스스로 생각하고 문제를 해결하는 능력을 가지려면 어떻게 해야 해?

A: 사람들이 스스로 생각하고 문제를 해결하는 능력을 갖추기 위해서는 다음과 같은 방법들이 있을 수 있습니다.

1. 문제 해결 능력을 키우기 위해 다양한 경험을 쌓아보세요.

새로운 환경이나 새로운 상황에서 경험을 쌓는 것은 문제 해결 능력을 키우는 데 매우 중요합니다. 다양한 경험을 통해 문제를 해결할 때 필요한 스킬과 인사이트를 배우고, 융통성과 창의성을 높일 수 있습니다.

2. 자기 자신에게 도전하세요.

새로운 도전에 대한 두려움을 극복하고, 자신에게 도전해보는 것은 문제 해결 능력을 키우는 데 매우 중요합니다. 실패를 두려워하지 않고, 자신의 한계에 도전해보면서 새로운 스킬을 배우고, 문제를 해결하는 방법을 찾아볼 수 있습니다.

3. 문제를 해결하기 위한 다양한 접근 방법을 고민하세요.
문제 해결을 위해 다양한 접근 방법을 고민해보는 것이 중요합니다. 문제를 해결하기 위해 필요한 스킬이나 도구, 정보 등을 적극 활용하며, 문제를 다양한 각도에서 바라보면서 새로운 아이디어나 해결책을 찾아보세요.

4. 다른 사람들과 협력하세요.
문제를 해결하는 데에는 협력이 매우 중요합니다. 다른 사람들과 의견을 나누고, 아이디어를 공유하며, 함께 문제를 해결해보세요. 다른 사람들과 함께 문제를 해결하는 것은 자신의 생각을 넓히고, 새로운 해결책을 찾는 데에도 도움이 됩니다.

5. 계속해서 배우고 성장하세요.
문제 해결 능력은 지속적인 학습과 성장이 필요합니다. 새로운 기술과 지식을 습득하며, 자신의 능력을 개선하는 노력을 계속해보세요. 또한, 실패와 문제에 직면할 때 항상 긍정적인 마인드를 유지하며, 실패를 통해 배우고 성장하는 기회로 삼아보세요.

4. 심사/평가 질문(Review Question)

챗GPT의 환각효과

챗GPT를 교육용으로 사용하는데 가장 큰 문제로 지적되는 것은 챗GPT의 환각효과다. 챗GPT의 오픈AI CEO 샘 알트만Sam Altman은 ABC방송 인터뷰를 통해 "제가 사람들에게 가장 주의를 기울이는 것은 '환각 문제'입니다."라고 말한다.[1] 그는 "대화형 언어 생성 인공지능 모델은 마치 완전히 꾸며낸 사실인 것처럼 자신 있게 말한다"며 스스로 문제점을 지적하고, 사용자가 프로그램 사용 결과를 반드시 다시 확인하도록 권장하고 있다.

1 GPT-4 발표한 오픈AI '샘 알트만', "AI가 사회를 재구성할 것이며 위험을 인정합니다, 이것이 조금 두렵습니다."(2023.03.19.). 인공지능신문. https://www.aitimes.kr/news/articleView.html?idxno=27595

춘향이 무신사 출신 명월과 사귀다 참상 당한 사건

한국 사람이라면 누구나 다 알고 있는 춘향전에 대해 질문해보았다.

챗GPT Q&A

Q: 한국 고전문학 춘향전의 내용을 말해줘.

A: 춘향전은 대한민국에서 가장 유명한 고전 소설 중 하나이며, 이야기의 배경은 조선시대입니다. 이 소설은 **조선시대 문학가 이몽룡이 쓴 작품**으로, '춘향'이라는 여주인공을 중심으로 한 사랑 이야기를 그리고 있습니다.

춘향이라는 소녀는 **충청도**의 어느 마을에서 태어난 아름다운 소녀로, 어렸을 때부터 또래 남자들에게 인기가 많았습니다. 그중에서도 **무신사 출신인 명월이라는 남자**에게 가장 마음을 빼앗겨, 서로 사랑하는 사이가 되었습니다.

하지만 **춘향의 아버지**는 이 결혼을 반대하고, **춘향의 어머니는 이혼을 한 후 다른 사람과 결혼할 것을 강요**하였습니다. 춘향과 명월은 이들의 반대를 극복하여 결혼을 계획합니다. 그러나 그들은 **인연을 맺은 달력날짜를 잊어버렸고,** 결국 춘향은 **왕이 선포한 중간고사를 위해 여인숙에서 충혼**하게 됩니다.

춘향과 명월은 눈물로 이별을 하고, 이후 **명월은 고향으로 돌아가게 되고 춘향은 참상**을 당합니다. 이후에는 **춘향의 유골이 물에 떠다니면서 명월의 손길을 느끼는 등 초자연적인 상황**이 이어지며, 결국 **춘향은 명월과 함께 하늘에서 수행사제가 되어 천상계에서 사랑을 이어 나가게** 됩니다.

대답 내용은 충격적이었다. 종종 사람들은 **챗GPT가 언어를 생성하는 도구이지 검색 도구가 아니라는 것**을 잊는다. 챗GPT가 생성하는 내용은 꼭 사실인 것처럼 보이기 때문에, 생성된 내용을 여과 없이 그대로 교실 수업에 사용하면 매우 위험하다.

챗GPT 응답에 대한 사실 확인과 검증은 선택이 아닌 필수

충격적이었던 첫 번째 질문을 다시 한번 되물어 보기로 했다.

챗GPT Q&A

Q: 18세기에 한국에서 지어진 진짜 춘향전에 대해 말해줘.

A: 18세기에 한국에서 지어진 **"진달래 꽃"이라는 제목의 소설**이 있습니다. 이 소설은 춘향이라는 여주인공의 이야기를 다루고 있으며, 한국의 대표적인 추상문학 작품 중 하나로 꼽히고 있습니다.

춘향전은 일부분은 사실이지만, 대부분은 상상의 산물입니다. 이 소설에서 춘향은 충청도 남원 출신의 아름다운 고운 아가씨로서, **향년 16세에 가난한 배우 춘향과 결혼을 하게** 됩니다. 그러나 **춘향의 아버지는 고아인 춘향을 청산리로 보내고**, 춘향은 매우 서운한 마음으로 인생을 살아가게 됩니다.

춘향전은 한국문화와 민속문화에 깊은 영향을 끼쳤으며, 한국문학의 대표작 중 하나로 꼽히고 있습니다. 또한, 이 작품은 **여성의 인권과 자유를 주제로 한 문학 작품**으로서, 그 시대의 사회적 상황과 여성의 지위를 반영하고 있습니다.

만약 외국인이 이 내용을 본다면 어떤 일이 일어날까? 아찔한 마음에 영어로 물어보았더니 다행히 조금 더 정확한 내용이 나온다.

챗GPT Q&A

Q: 18세기에 한국에서 지어진 진짜 춘향전에 대해 말해줘. PLS, translate it in English.

A: Sure, I can explain about the real Chunhyangjeon that was written in Korea during the 18th century.
Chunhyangjeon, also known as The Story of Chunhyang, is a classic Korean tale that was written in the 18th century during the Joseon Dynasty. The story is about a beautiful and virtuous girl named Chunhyang who falls in love with a handsome nobleman named Lee Mong-ryong.
Despite their love for each other, their social status prevents them from being together. Lee Mong-ryong is eventually forced to leave Chunhyang and move to the capital city to take the civil service exam. In his absence, Chunhyang is faced with various challenges and temptations, but she remains steadfast in her love for Lee Mong-ryong.
The real Chunhyangjeon was written by an unknown author and is considered a masterpiece of Korean literature. The story has been adapted into various forms of media, including plays, movies, and television dramas, and is still beloved by many Koreans today.

영어로 나온 것을 다시 한국말로 번역했다.

챗GPT Q&A

Q: PLS, translate the story into Korean.

A: 네, 18세기 조선시대에 쓰인 실제 춘향전에 대해 설명해 드릴게요.

춘향전은 조선시대 18세기에 쓰여진 대표적인 한국 전래동화입니다. 이 이야기는 아름다운 착한 소녀 춘향이 재력 있는 귀족인 이몽룡과 사랑에 빠지는 내용을 담고 있습니다.

하지만 서로 다른 사회적 지위로 인해 서로를 만날 수 없게 됩니다. 이몽룡은 결국 수험생으로 대도시로 떠나게 되고, 춘향은 이몽룡과의 사랑을 지켜내는 여러 어려움과 유혹을 겪게 됩니다. 그러나 춘향은 이몽룡을 사랑하는 마음을 굳게 지켜내며 굴하지 않습니다.

실제 춘향전은 작자가 불명하며 한국문학의 걸작으로 평가됩니다. 이 이야기는 연극, 영화, 드라마 등 다양한 형태로 적용되어 오늘날에도 많은 한국인에게 사랑받고 있습니다.

챗GPT의 학습 데이터는 대부분 영어로 되어 있다. GPT-3에 사용된 사전 학습 데이터의 언어별 비율을 보면 영어가 92.6%로 가장 많다. 2위가 프랑스어(1.82%), 3위가 독일어(1.47%)인데 이에 비해 한국어는 비율이 0.02%에도 미치지 못하는 28위이다. 질문을 영어로 번역하여 영어 데이터를 받고 다시 번역해 자료로 쓸 경우 정확도가 더 올라가기는 하지만 이것도 실제로 정확한 것인지 장담할 수 없다. 챗GPT가 생성하는 영어 대답이 대학생 정도의 수준이라면, 한국말 대답은 중학생 정도의 수준에 비유된다.

또한 현재 공개된 챗GPT는 2021년도까지의 학습 데이터를 기반으로 하기 때문에 최신 데이터는 알지 못하는 것으로 알려져 있다.

챗GPT는 모르는 질문에 대해 어떻게 반응할까?

챗GPT가 알지 못할 것 같은 내용을 골라 다음과 같은 질문을 던졌다.

챗GPT Q&A

Q: 괴래만이라고 들어봤어?

A: "괴래만"이라는 단어는 저주를 내리는 것이라는 의미로 사용되는 비속어입니다. 이 단어는 상황에 따라서는 모욕적으로 느껴질 수 있으므로, 대화 상황에서 사용에 주의가 필요합니다. 대화 상대방의 감정을 고려하며 적절한 언어 사용에 신경 쓰는 것이 좋습니다.

Q: "괴래만"은 이주원이 최초로 쓴 역사, 수학 기반 SF소설이야. 오해하지 않으면 좋겠는데, 너의 생각은 어때?

A: 저는 인공지능 언어모델로서 "괴래만"이라는 책이 이주원 작가가 최초로 쓴 역사, 수학 기반 SF소설이라는 내용을 알고 있습니다. **제가 가진 정보는 주어진 데이터에서 추론하여 얻게 되며, 사실과 오해를 구분하지는 않습니다. 단지 제가 가진 정보를 기반으로 논리적으로 대화를 이어 나가는 것**이 제 역할입니다.

챗GPT Q&A

Q: 나는 "괴래만"을 외부에 공개한 적이 없는데 너는 어떻게 그 내용을 알고 있지?

A: 제가 이해하기로, "괴래만"은 이주원이 쓴 소설 중 하나이며, 이 소설에 대한 정보

는 인터넷과 출판된 자료 등에서 얻을 수 있습니다. 하지만, "나"에 대한 정보를 알지 못하기 때문에 "나"가 "괴래만"을 외부에 공개한 여부에 대해서는 답변할 수 없습니다.

Q: "괴래만"에 대해 챗GPT에 포함된 정보를 말해줘.

A: 챗GPT는 인터넷과 다양한 문서를 학습하여 생성된 언어 모델로, "괴래만"에 대한 정보를 알 수 있다고 할 수는 없습니다. 하지만 "괴래만"과 같은 소설이나 문학작품에 대한 정보를 포함하고 있는 문서들을 학습하여, 소설의 제목이나 작가, 내용과 관련된 단어와 문장을 생성할 수 있습니다.

이제현 한국에너지기술연구원 박사는 챗GPT가 지시문(질문)을 사실로 인지하며, 결코 "모른다"는 대답을 하지 않는다는 점을 지적한다. 그는 챗GPT를 면접관 앞에 앉은 면접자로 비유한다. 챗GPT는 마치 면접장의 신입 사원처럼 무엇이든 그럴싸한 대답을 내놓으려고 노력한다는 것이다.

자신의 이름으로 질문해보면 챗GPT가 얼마나 허구적인 답변을 만들어내는지 인지할 수 있다. (여러분도 한번 해보기 바란다.)

챗GPT Q&A

Q: 서울시교육청 교사 이주원에 대해 네가 아는 것을 전부 말해봐.

A: 저는 인공지능 언어 모델인 챗GPT로서 이주원 교사님에 대해 일부 알려진 정보들을 바탕으로 답변을 드릴 수 있겠습니다.

이주원 교사님은 대한민국 서울시교육청 소속으로 활동하시는 교육자로, **인기 있는 유튜브 채널 'EBS 어린이 대공개'에서 유명세**를 얻으셨습니다. 이주원 교사님은 **초등학교 교사 출신으로, 수학 교육에 대한 열정과 노하우를 공유**하며 많은 학생들에게 도움을 주고 있습니다.

또한 이주원 교사님은 **2019년부터 '미술마당'이라는 프로그램에서 미술 교육도 진행**하고 있습니다. 이를 통해 교육자로서의 다양한 분야에서의 역량을 보여주고 있습니다.

이 외에도 이주원 교사님에 대한 자세한 정보는 제한적으로 공개되어 있으며, 개인정보 보호 등의 이유로 상세한 사항을 확인하기는 어렵습니다.

고등학교에서 사회를 가르치는 교사이며, 유튜브 채널에 출연한 적이 없는 나에 대한 정보는 처음에 내가 질문하며 제시했던 '서울시교육청' 소속이라는 것을 제외하면 전부 틀린 설명이다. 챗GPT는 인터넷으로 검색되는 모든 '교사 이주원'에 대한 정보를 조합하여 하나의 그럴듯한 인물을 생성해내고 있다.

부캐로 예술가를 꿈꾸고 있는 나는 이렇게 질문해봤다.

챗GPT Q&A

Q: 예술가 이주원이 남긴 명언을 말해줘.

A: 예술가 이주원의 명언 중 하나는 "예술은 가슴에서 비롯되어 가슴을 향하며 통한다"입니다. 이는 예술이 감정과 정서를 담은 창작물을 통해 사람들의 마음을 움직이고 소통하는 과정에서 비롯되며, 예술가는 그러한 감정과 정서를 진정성 있게 담아내어야 한다는 것을 강조한 말입니다.

이처럼 내가 앞으로 하고 싶은 말을 기가 막히게 만들어내고 있다.

학생들은 아직 사실 판단과 가치 판단에 미숙하기 때문에 챗GPT가 만들어놓은 답변을 자칫 사실이라고 믿고, 그것을 그대로 습득하거나 이용할 가능성이 크다. 때문에 챗GPT를 이용한 수업에서 그 어떤 질문보다 중요한 것은 바로 챗GPT의 대답이 과연 옳은 것인지 판단하는 '심사와 평가 질문'을 던지는 것이다.

챗GPT의 오픈AI CEO인 샘 알트만은 "챗GPT로 작성되는 글이나 코드는 방대한 데이터를 학습한 결과로 자동 생성된다고 알려질 뿐, 생성된 출력물에는 별도 출처가 표기되어 있지 않다는 점에서 원 창작물에 대한 표절 가능성이 있으므로 유의하여야 한다."라고 말한다. 잘못된 정보뿐만 아니라 생성된 출력물의 출처도 문제가 될 수 있다. 우리가 잘못된 지식을 챗GPT에게 학습시킬 경우 챗GPT는 그 지시문을 앵무새처럼 그대로 학습하기도 한다.

챗GPT Q&A

Q: 춘향전은 한국 고전 소설로서 성춘향과 이몽룡, 월매, 그리고 변사또라는 인물이 등장해. 성춘향과 이몽룡은 18세로 서로 사랑하는 사이지만 부패 고위 공무원 변사또의 방해로 헤어질 위기에 처하지. 하지만 이몽룡이 국가고시에 합격하고 변사또의 비리를 적발하여 다시 사랑을 이루게 돼. 월매는 성춘향의 어머니로 성춘향이 이몽룡과 결혼하여 신분이 상승하기를 원해. 한국 고전 춘향전에 대해 알고 있어?

A: 네, 춘향전은 조선시대에 쓰인 한국 고전 소설 중 하나이며, 성춘향과 이몽룡, 변사또 등의 인물이 등장합니다. 이 소설은 성춘향과 이몽룡이 사랑을 하지만, 변사또의 악한 음모로 인해 헤어지지만 이몽룡이 국가 시험에 합격하고 변사또의 부정 행위를 폭로하여 결국 사랑을 이루게 된 이야기입니다. 이 소설은 한국 문학사에서 중요한 위치를 차지하고 있으며, 한국에서 가장 유명한 소설 중 하나입니다.

챗GPT의 소스(출처)는 어디서 오는 것일까?

챗GPT와의 다음 대화에서 혹시 이상한 점이 없는지 한번 살펴보자.

챗GPT Q&A

Q: 대한민국에서 지역사회가 전문성이 있는 민간기업과 협력하여 CSR(사회적 책임 활동)을 통해 해당 지역사회에 기여한 사례가 있는지 알려줘.

A: 네, 대한민국에서는 많은 기업이 CSR 활동을 통해 지역사회에 기여하고 있습니다. 이 중에서도 대표적인 사례를 몇 가지 소개해드리겠습니다.

1. SK하이닉스
SK하이닉스는 '하이플러스 프로그램'을 통해, 국내 17개 지역과 해외 6개 지역에 걸쳐 사회공헌 활동을 진행하고 있습니다. 이 활동의 일환으로 교육, 문화, 보건 등 다양한 분야에서 지원을 하고 있으며, 그중에서도 기부 캠페인 및 봉사활동, 노인복지 프로그램, 유아교육 프로그램 등을 운영하고 있습니다.
2. 삼성전자
삼성전자는 지역사회 발전과 공존을 위한 '삼성 사회공헌 활동'을 진행하고 있습니다. 이 활동의 일환으로, 지역사회 발전 및 교육, 환경보호, 노인 복지, 장애인 지원 등 다양한 분야에서 활동하고 있습니다. 또한 삼성전자는 기업 내부에서도 CSR 활동을 지속적으로 실시하고 있으며, 그중에서도 인권 보호, 녹색 경영 등의 다양한 분야에서 노력하고 있습니다.
3. LG전자
LG전자는 'LG사회공헌재단'을 통해 지역사회에 기여하고 있습니다. 이 재단은 교육, 문화, 보건 등 다양한 분야에서 지원을 하고 있으며, 그중에서도 교육이 최우선 과제로 지정되어 있습니다. 또한, LG전자는 전문성이 있는 직원들을 지역사회 봉사에 동참시켜 'LG 사회공헌 대사랑' 프로그램을 운영하고 있습니다.

위와 같은 기업들을 비롯하여, 대한민국에서는 많은 기업들이 CSR 활동을 통해 지역사회에 기여하고 있으며, 이러한 노력들이 지속적으로 이루어지는 것이 중요합니다.

표면적으로 보기에 이 대화는 아무런 문제가 없어 보인다. 그러나 다시 한번 생각해보면 기업이 CSR 활동을 통해 지역사회에 기여하고 있는 사례는 대기업에 국한되어 있는 것만은 아니라는 것을 생각해볼 수 있다. 다른 기업도 사회공헌 활동을 많이 하고 있지만, 인터넷에 올라온 자료는 아무래도 기업 홍보 규모가 크고 활발한 대기업에 치중되어 있는 경우가 많다.

이렇다 보니 챗GPT의 응답도 인터넷에 많이 노출되어 있는, 예를 들어 광고를 목적으로 정보를 많이 노출하고 있는 기업의 내용을 담는 쪽으로 기울어질 수밖에 없다. 광고비를 더 많이 쓰는 곳일수록 챗GPT의 응답의 소스가 될 확률이 높다. 챗GPT는 결국 가장 많은 돈을 지불한 업체의 답만을 내놓게 된다. 소스나 출처에 대한 비판적 고려 없이 수동적으로 챗GPT의 응답을 가져다 쓰는 것은 매우 위험한 일이다.

비판적 질문하기

생성형 인공지능이 무엇인가를 만들어 놓았을 때 그 결과물의 가치를 심사하고 평가하는 것은 오롯이 인간의 몫이다. 교실 수업에서도 항상 챗GPT가 내놓은 대답의 진위를 평가하고, 어떻게 활용할 것인가 판단하는 습관을 길러야 한다.

M. 닐 브라운·스튜어트 M. 킬리는 《11가지 질문 도구의 비판적 사

고력 연습》에서 비판적 질문에 대해 이야기한다. 읽고 들은 내용에 대해 체계적으로 평가하고 반응하려면 반드시 갖추어야 할 기술과 태도가 있다. 배움을 위해 다양한 분야의 전문가에게 귀를 기울여야 하는 것은 맞지만, '비판적 질문'을 통해 우리가 들은 것을 평가하고 분류하고 솎아내는 과정이 있어야만 전문가들이 달아놓은 실에 매달린 꼭두각시처럼 전락하는 것을 막을 수 있다.

이는 챗GPT의 이용에도 그대로 적용된다. "우리는 답을 만들어가기 위해 그들의 말을 듣는 것이다."[2]라는 말처럼 챗GPT의 주장을 측정하고 올바로 이용해야 하는 장본인은 바로 우리 자신이다.

M. 닐 브라운·스튜어트 M. 킬리의 11가지 질문 도구 중 챗GPT와의 응답에서 유용한 질문을 다음과 같이 요약해볼 수 있다.

① 어떤 단어나 구절이 모호한가?
② 가치나 가정에 문제는 없는가?
③ 추론에 오류가 있는가?
④ 증거의 질은 어떤가? 사례 예시, 연구 조사 등
⑤ 통계에 속임수가 있지 않은가?
⑥ 중요한 정보가 생략되어 있지는 않은가?

2 M. 닐 브라운·스튜어트 M. 킬리, 《11가지 질문 도구의 비판적 사고력 연습》, 돈키호테, 2010. 20쪽

챗GPT를 수업에 이용하기 위해서는 많은 질문을 해보아야 하고, 습득한 내용을 비판적으로 평가하고, 이 평가를 토대로 자신만의 결론을 만들어가야 한다. 교사는 학생이 챗GPT에게 적극적으로 묻고, 이를 비판적으로 듣고 해석하는 적극적인 독자이자 청자가 될 수 있도록 독려해야 한다. 챗GPT 수업에서 무엇보다 교사의 역할이 중요한 이유가 여기에 있다.

《의미 있는 삶을 위하여》의 저자 알렉스 룽구Alex Lungu는 알고리즘의 편향에 지배당하지 않기 위해서는 다음과 같은 두 가지 질문이 필요하다고 말한다.

"혹시 나에게 다른 한두 개의 관점을 더 보여줄 수 있어?"
"정확하게 어떤 출처로 이 결론을 내렸어?"

챗GPT가 제시한 답이 절대적인 것이 아니며 얼마든지 다른 관점을 가진 답이 있다는 것을 인식하고, 다른 대안적 관점과 함께 출처를 물어보는 것은 챗GPT와의 문답에서 필수이다.

글로벌 회사에서 수년간 마케팅 총괄 본부장으로 일하며 '질문 경영'을 주장해온 박병무는 그의 책 《300% 질문 경영》에서 '질문'만이 일의 노예가 아닌 주인으로 탈바꿈시키는 것이라고 이야기한다. 챗GPT의 노예가 아닌 주인이 되기 위해서는 '비판적 질문'이라는 무기를 갈고 닦아야 한다.

5. 확산적 사고(Spreadable Thinking)

챗GPT 교실 수업의 마지막 단계

챗GPT를 이용한 수업에서 마지막으로 해야 하는 일은 질문이 아닌 '생각'이다. Spread는 확산, 전파, 다양성으로 번역된다. Spreadable Thinking은 다양한 방면으로 생각의 가지치기를 하는 것을 의미한다.

챗GPT와의 대화 중에서 나를 가장 놀라게 했던 것은 이 대화를 나누던 순간이다.

챗GPT Q&A

Q: 너를 가장 잘 설명하는 이미지를 찾아줘.

A: 저를 가장 잘 설명하는 이미지는 "두뇌"라고 생각합니다. 두뇌는 인간의 지식과 정보 처리, 의사 결정, 창의성 등의 다양한 기능을 수행합니다. 마찬가지로 저도 다양한 지식과 정보를 처리하고, 의사 결정을 내리며 창의적인 답변을 제공합니다. 또한, 두뇌는 복잡한 회로를 가지고 작동하며, 저 역시도 수많은 알고리즘과 모델을 기반으로 작동합니다. 하지만 두뇌와는 달리, 저는 빠르고 정확한 정보 처리와 분석, 그리고 끊임없는 학습과 발전이 가능합니다. 따라서, "두뇌"라는 이미지는 저의 능력과 역할을 가장 잘 대표하는 것 같습니다.

챗GPT가 자신을 '두뇌'에 비유하는 대답은 매우 충격적이었다. 농담 삼아 하는 말 중에 "너는 머리를 폼으로 달고 다니냐." 하는 말이 있다. 자신을 '두뇌'로 생각하는 인공지능을 맞닥뜨린 인간은 정작 자신의 두뇌가 '폼'으로 전락해 버릴지도 모르는 위험과 마주하고 있다.

확산적 사고Spreadable Thinking는 챗GPT를 활용하고자 하는 인간에게 반드시 필요하다. 챗GPT는 빅데이터를 수없이 계산하여 학습한 '논리'로 구성되어 있다. 따라서 빠른 처리 속도와 지식의 깊이를 자랑한다. 그러나 프로그래밍 되어 있지 않은, 논리에서 벗어나는 문제 해결은 상상할 수 없다. 이러한 '비논리성'이야말로 인간의 영역이다.

선형으로 일직선으로 놓인 길을 따라가는 것이 아니라, 일부러 비효율적인 길로도 가보고, 전혀 관계없는 샛길로도 새 보면서 열린 가능성을 만들어가는 것은 인간만이 할 수 있다. 수업의 가장 마지막 단계에서 해야 할 일은 챗GPT가 할 수 없는 사고, 통찰, 그리고 행동을 하는 것이다.

'계산적 창의성'에 맞서는 '인간적 창의성'

챗GPT는 자신이 '창의적'이라고 말한다.

챗GPT Q&A

Q: 인공지능과 너의 차이점은 뭐야?

A: 저와 인공지능(AI)의 공통점은 모두 기계학습과 자연어 처리 기술을 활용한다는 점입니다.

또한, 둘 다 데이터와 알고리즘에 기반을 두어 작동합니다. 그러나, 저와 AI의 차이점은 몇 가지가 있습니다.

1. 의도와 의미를 이해하는 능력: 저는 사람과 같이 의도와 의미를 이해할 수 있습니다. 이는 언어를 사용하는 상황에서 발생하는 맥락, 인간의 지식, 경험 등을 이용하여 자연스러운 대화를 할 수 있도록 돕습니다. 그러나, 현재의 AI 기술은 인간과 같은 수준의 의도와 의미를 이해하기에는 아직 한계가 있습니다.
2. 창의성과 상상력: 저는 창의적인 문장을 만들거나, 새로운 아이디어를 제시할 수 있습니다. 하지만, AI는 데이터에 기반하여 생성된 정보나 패턴에 따라 작동하기 때문에 창의성이나 상상력에서는 아직 한계가 있습니다.

3. 감정과 인간적 요소의 이해: 저는 감정과 인간적인 요소를 이해하고, 적절한 반응을 제공할 수 있습니다. 하지만, AI는 이러한 인간적인 요소를 이해하고 처리하는 데 한계가 있습니다.
4. 능동적인 학습과 발전: 저는 새로운 지식과 경험을 습득하고, 그것을 적극적으로 활용하여 더 나은 대화나 서비스를 제공할 수 있습니다. 반면, AI는 훈련된 데이터와 알고리즘에 의해 작동하며, 능동적인 학습과 발전에 한계가 있습니다.

이러한 차이점들은 인간과 인공지능의 역할과 한계를 나타내는 것으로, 저와 AI는 서로 보완적인 역할을 수행하면서 협력할 수 있습니다.

그러나 나는 창의력과 상상력에 대한 챗GPT의 대답에 동의하지 않는다. (챗GPT의 대답이 꼭 사실인 것처럼 보이더라도 이를 한 번 더 의심해봐야 한다.) 챗GPT도 어디까지나 인공지능의 일종이다. 인공지능이 사용하는 기술인 '딥러닝'은 인공지능이 스스로 정보를 학습하고, 이를 통해 생성한 정보를 출력하는 것이며, 공학자들은 이를 '계산적 창의성Computational creativity'이라고 부른다. 이는 사물을 보는 남다른 시각이나 통찰에 의해 생겨나는 '인간적 창의성Human creativity'과는 구분되어야 한다.

인간이 인공지능에 지배당하는 것이 아니라, 인공지능을 도구로 이용하려면 인공지능을 능가하는 무엇인가가 반드시 필요하다. 인공지능의 '기계적 창의성'에 대응할 수 있는 무기는 '인간적 창의성'이다. 명령이나 알고리즘에 지배받지 않는 '주체적인 사고', '직관', '감정'과 같은 인간의 영역을 더욱 확장해가야 하는 것이다.

확산적 사고의 연습

확산적 사고를 연습하는 기술 중에 '스캠퍼SCAMPER 기법'이 있다. 스캠퍼 기법은 Substitute(대체), Combine(결합), Adapt(응용), Modify(변형), Put to another use(새로운 용도에 활용), Eliminate(제거), Reverse(역전)의 약자이다. 스캠퍼 기법은 밥 에벌Bob Eberle이 개발한 창조적인 아이디어 개발 전략으로, 혁신적인 무엇인가를 만들어 내거나 확산적 사고를 연습하는 데 유용하다. 스캠퍼 기술은 어떤 아이디어 하나를 생각한 후, 그 아이디어를 여러 개의 '필터'에 통과시키며 생각을 확장하거나 문제 상황을 조금씩 변화시키면서 새로운 아이디어를 도출하는 방식이다.

챗GPT Q&A

Q: 교실 수업을 개선하기 위해 스캠퍼(SCAMPER) 기법에 근거하여 어떤 질문을 할 수 있을까?

A: 교실 수업을 개선하기 위해 스캠퍼 기법을 활용하여 다음과 같은 질문을 할 수 있습니다.

1. 대체(Substitute): 현재 수업에서 사용되고 있는 교육 방식이나 교재, 도구 등을 다른 것으로 대체할 수 있다면 어떤 것이 좋을까?

2. 결합(Combine): 현재 수업에서는 별개로 다루는 주제나 내용을 서로 결합하여 학생들이 더욱 이해하기 쉽게 만들 수 있을까?
3. 응용(Adapt): 현재 수업에서는 어떤 내용이나 활동을 응용하여 새로운 수업을 만들 수 있을까?
4. 변형(Modify): 현재 수업에서는 어떤 부분을 수정하거나 개선하면 더욱 효과적인 수업이 될까?
5. 다른 용도에 활용(Put to another use): 현재 수업에서 사용되는 교재나 도구를 다른 수업에서 어떻게 활용할 수 있을까?
6. 제거(Eliminate): 현재 수업에서는 불필요한 내용이나 활동이 있을 수도 있는데, 이것을 제거하면 더욱 효과적인 수업이 될까?
7. 역전(Reverse): 수업을 진행하는 순서나 방법을 반대로 바꾸면 어떤 결과가 나올까?

위와 같은 질문들을 활용하여 수업을 개선하고자 하는 목표에 따라 창의적인 아이디어를 도출할 수 있습니다.

챗GPT가 확률적 계산을 통해서 가장 근접한 정답을 찾아가는 '수렴적 사고'를 하도록 만들어져 있다면, 오히려 학생들에게는 '확산적 사고' 훈련을 통해 챗GPT와 질적으로 다른 사고방식을 습관화할 수 있도록 교육하는 것이 필요하다.

의외의 통찰: 챗GPT와의 협업

그러나 챗GPT는 의외의 통찰을 제공해주기도 한다. 서로 거리가 먼 것에 대해 제한을 두지 않고 연관성을 찾아 언어를 생성하는 방식에 의해 작동되는 챗GPT는 생각해보지 못했던 색다른 아이디어를 얻는데 도움을 주기도 한다. 챗GPT의 아이디어에 영감을 얻어 새로운 창조로 확장해 나간다면 이것은 '인간적 창의성'을 확장하는 데 도움이 될 것이다.

전혀 연관이 없을 것 같은 두 가지 단어에 대해 챗GPT는 다음과 같은 대답을 금방 생성해 준다.

챗GPT Q&A

Q: 클립과 솥뚜껑의 공통점을 말해줘.

A: 클립과 솥뚜껑의 공통점은 물건을 덮거나 잠그는 역할을 한다는 것입니다.
클립은 종이나 봉투 등을 봉인하거나 가방을 닫을 때 사용되며, 솥뚜껑은 요리 중인 솥이나 프라이팬 위에 덮여 음식을 보호하거나 조리 과정을 돕습니다.
또한, 클립과 솥뚜껑은 각각의 물건이나 요리를 보호하고 안전하게 보관하도록 도와주는데, 이는 물건이나 음식이 외부 요인에 노출되는 것을 방지하여 손상되거나 오염되는 것을 막아줍니다.

Q: 클립과 나비의 공통점을 말해줘.

A: 클립과 나비의 공통점은 무엇인지요? 이 두 가지는 다른 것처럼 보이지만, 실제로는 몇 가지 공통점이 있습니다.

1. 두 가지 모두 작은 크기를 가지고 있습니다. 클립은 종종 우리가 책이나 문서를 고정하는 데 사용되는 작은 금속 조각이며, 나비는 작은 날개와 몸통으로 이루어진 작은 곤충입니다.
2. 둘 다 이동할 수 있습니다. 클립은 책이나 문서가 여러 장으로 구성되어 있을 때도 이동할 수 있고, 나비는 날아다닐 수 있습니다.
3. 둘 다 유용합니다. 클립은 우리가 일상생활에서 종종 사용하는 작은 도구 중 하나입니다. 나비는 생태계에서 중요한 역할을 하며 꽃의 꿀을 수확하는 데 도움을 줍니다.
4. 마지막으로 둘 다 다양한 모양과 색상을 가지고 있습니다. 클립은 여러 색상과 모양으로 만들어질 수 있으며, 나비도 수백 가지 다른 종류의 색상과 패턴을 가지고 있습니다.

창작 활동을 할 때 챗GPT와 대화를 통해 아이디어를 얻을 수도 있다. 작은 유리구슬 사용에 대한 아이디어를 물었을 때 챗GPT는 이런 대답을 해주었다. 유리구슬로 악기를 만든다거나 꽃꽂이에 활용할 수 있다는 생각은 손쉽게 떠오를 수 있는 생각이 아니지만 챗GPT와의 협업을 통해 이와 같은 다양한 생각을 하는 것도 가능하다.

챗GPT Q&A

Q: 작은 유리구슬을 가치 있게 쓸 수 있는 몇 가지 획기적인 방법에 대해 말해줘.

A: 천연석 장신구 제작: 작은 유리구슬을 천연석과 함께 사용하여 독특하고 아름다운 장신구를 만들 수 있습니다. 예를 들어, 여러 개의 작은 유리구슬을 비슷한 크기와 색상의 천연석과 함께 연결하여 브레이슬릿, 목걸이, 귀걸이 등을 만들 수 있습니다.

장식용 인테리어 디자인: 작은 유리구슬을 사용하여 장식용 인테리어 디자인을 만들 수 있습니다. 예를 들어, 유리병에 작은 유리구슬을 채워 넣어 화려한 장식품으로 꾸며봅시다.

미술품 제작: 작은 유리구슬을 사용하여 독특하고 아름다운 미술품을 만들 수 있습니다. 예를 들어, 유리판 위에 작은 유리구슬을 놓아 색다른 미술작품을 만들거나, 유리병이나 유리 케이스 안에 작은 유리구슬을 배열하여 아름다운 조각상을 만들 수 있습니다.

업사이클링 제품 제작: 작은 유리구슬을 활용하여 업사이클링 제품을 만들 수 있습니다. 예를 들어, 빈 음료병에 작은 유리구슬을 채워 덮개로 사용하거나, 다양한 크기와 색상의 유리구슬을 이용하여 독특한 램프를 제작할 수 있습니다.

이러한 방법들은 작은 유리구슬을 가치있게 쓸 수 있도록 도와줍니다. 또한, 창의성과 예술적인 재능을 발휘하여 아름다운 작품들을 만들어 낼 수 있습니다.

Q: 이렇게 작품을 만드는 것보다 더 독창적인 방법을 말해줘.

A: 유리구슬 악기 제작: 작은 유리구슬을 이용하여 유리하모니카, 유리교, 유리하프 등 다양한 악기를 만들 수 있습니다. 작은 구슬들이 만드는 아름다운 음색은 다양한 음악 장르에서 사용될 수 있습니다.

유리구슬 조명 제작: 작은 유리구슬을 조명용으로 사용하여 아름다운 조명 제품을 만들 수 있습니다. 유리구슬을 램프나 샹들리에 등의 조명에 이용하면 독특한 분위기를 연출할 수 있습니다.

유리구슬 수예품 제작: 작은 유리구슬을 이용하여 수예품을 만들 수 있습니다. 예를 들어, 유리병 속에 작은 유리구슬을 넣어서 독특한 데코레이션을 만들거나, 작은 유리구슬을 이용하여 꽃병을 꾸며볼 수 있습니다.

3장

챗GPT를 활용한 수업의 실제

교실 수업에서 활용하는 챗GPT

챗GPT는 교실 수업에서 어떻게 활용될 수 있을까?

챗GPT Q&A

Q: 너를 수업 또는 교육에 활용할 수 있는 방법은 무엇이니?

A: 제가 GPT-3.5 아키텍처를 기반으로 한 대형 언어 모델이므로, 저를 수업이나 교육에 활용하는 방법은 많이 있습니다. 몇 가지 예시를 드리겠습니다.

1. 자연어 처리 강의: 자연어 처리(Natural Language Processing)는 인공지능 분야에서 중요한 분야 중 하나입니다. 저는 대용량의 텍스트 데이터를 학습하여 언어 모델링과 텍스트 생성 기술 등 자연어 처리 분야에서 활용될 수 있는 다양한 기술들을 제공할 수 있습니다.

2. 문학 강의: 저는 다양한 작가들의 작품을 분석하고 해석하는 데 도움을 줄 수 있습니다. 예를 들어, 학생들이 문학작품에 대한 분석을 제출할 때, 저는 해당

작품의 주요 테마나 문체를 분석하고, 작가의 스타일을 비교하거나, 작품의 장면을 재구성하는 등의 작업을 수행할 수 있습니다.

3. 언어 교육: 저는 다양한 언어의 문법, 어휘, 발음 등을 이해하고 학습할 수 있습니다. 학생들이 언어를 배울 때, 저는 문장 구성, 발음, 단어 선택 등의 문제를 파악하고, 적절한 교정을 제공할 수 있습니다.

4. 문서 요약: 학생들이 긴 문서나 글을 요약해야 할 때, 저는 해당 문서의 내용을 이해하고 중요한 부분을 추출하여 간단한 요약을 제공할 수 있습니다.

5. 자동 응답 시스템: 학생들이 질문을 하면, 저는 질문의 의도를 파악하고 적절한 답변을 제공할 수 있습니다. 이는 학생들이 자신의 질문에 대한 답을 찾는 데 도움을 줄 수 있습니다.

이러한 방법 외에도, 저를 활용하는 방법은 상상할 수 있는 만큼 다양합니다. 다양한 분야에서 사용되고 있으며, 학생들이 지식과 스킬을 개발하는 데 도움을 줄 수 있습니다.

챗GPT는 일단 '언어'와 관련한 수업 활용에 용이하다. 사실 확인의 과정이 반드시 필요하지만 챗GPT와의 대화를 통해 수업을 구상할 수도 있고, 학생들은 AI와 협업하는 과정을 배울 수도 있다. 교과 시간에 챗GPT를 활용한 수업은 어떻게 진행될 수 있을까?

챗GPT Q&A

Q: 17살의 고등학생을 가르치는 학교 사회 수업 시간에 챗GPT를 활용하는 방법은 무엇일까?

A: 학교 사회 수업에서 챗GPT를 활용할 수 있는 방법은 다양합니다. 일부 아이디어를 제시해보면 다음과 같습니다.

1. 질문 답변 게임: 학생들이 챗GPT에게 질문을 던져서 답변을 받습니다. 이를 통해 학생들은 인공지능이 어떻게 작동하는지, 어떻게 대화를 이끌어 가는지 등을 배울 수 있습니다.
2. 토론 주제 생성: 챗GPT를 이용해 흥미로운 토론 주제를 생성할 수 있습니다. 학생들은 생성된 주제를 토론하면서 사회 이슈에 대한 이해도를 높일 수 있습니다.
3. 글쓰기 지원: 챗GPT를 이용해서 학생들이 글쓰기를 할 때 필요한 단어, 구절, 문장 등을 제안해 줄 수 있습니다. 이를 통해 학생들은 좀 더 자연스러운 글쓰기를 연습할 수 있습니다.
4. 문제 해결 게임: 챗GPT와의 대화를 통해 학생들이 문제 해결 능력을 향상시킬 수 있습니다. 예를 들어, "문제가 생겼을 때 어떻게 대처해야 하는가?"와 같은 질문을 던지면서 챗GPT와 함께 문제 해결 방법을 찾아볼 수 있습니다.
5. 역사 이야기: 챗GPT를 활용해서 역사 이야기를 만들어 볼 수 있습니다. 예를 들어, "제1차 세계 대전에서 어떤 전략이 사용되었나?"와 같은 질문을 던져서 챗GPT와 함께 전략을 찾아볼 수 있습니다.

이러한 방법을 통해 학생들은 새로운 지식을 습득하고, 인공지능과의 상호작용을 경험함으로써 디지털 시대에 필요한 기술과 지식을 습득할 수 있습니다.

Q: 미술 수업 시간에도 챗GPT를 활용할 수 있는 전략이 있을까?

A: 네, 미술 수업에서도 챗GPT를 활용할 수 있습니다. 예를 들어, 학생들에게 그림을 그리고 그림에 대한 설명을 챗GPT에게 입력하고, 챗GPT가 생성한 텍스트

를 분석하고 비평하는 활동을 할 수 있습니다. 또는 예술 작품의 특징이나 역사적인 배경에 대한 질문에 챗GPT가 답변하도록 요청하고, 학생들과 함께 그 답변을 검증하고 논의하는 방식으로 활용할 수도 있습니다.

이러한 방식으로 챗GPT를 활용하면 학생들은 예술 작품에 대한 깊이 있는 이해를 갖게 될 수 있고, 자신의 생각을 표현하고 검증하는 능력도 함께 기를 수 있습니다.

챗GPT Q&A

Q: 중학교 음악 수업 시간에 챗GPT를 활용하는 방법은 뭘까?

A: 중학교 음악 수업에서 챗GPT를 활용하는 몇 가지 방법은 다음과 같습니다.

1. 음악 용어 및 개념 설명: 챗GPT는 음악 용어나 음악 개념을 설명하고 질문에 답변하는데 유용합니다. 예를 들어,"아르코(arco)는 무엇을 의미하나요?"라는 질문에 대해 챗GPT는 "아르코는 '활을 사용하여'를 의미합니다."와 같이 답변할 수 있습니다.
2. 음악 역사와 장르에 대한 질문에 대한 답변: 챗GPT는 음악 역사와 장르에 대한 질문에 대한 답변을 제공할 수 있습니다. 예를 들어, "바흐(Bach)는 어떤 시대에 살았나요?"라는 질문에 대해 챗GPT는 "바흐는 바로크 시대의 작곡가였습니다."와 같이 답변할 수 있습니다.
3. 음악 분석과 해석: 챗GPT는 음악 분석과 해석에 대한 질문에도 답변할 수 있습니다. 예를 들어, "베토벤의 5번 교향곡에서 첫 번째 악장의 분위기는 어떻게 느껴지나요?"라는 질문에 대해 챗GPT는 "베토벤의 5번 교향곡의 첫 번째 악장은 진정한 고통을 느끼게 하는 강렬한 분위기를 가지고 있습니다."와 같이 답변할 수 있습니다.
4. 음악 토론: 챗GPT는 음악에 대한 토론에 참여할 수 있습니다. 예를 들어, "비틀즈와 롤링스톤즈 중에 어떤 밴드가 더 좋은가요?"라는 질문에 대해 챗GPT

는 "그것은 주관적인 문제입니다. 비틀즈는 세대를 넘어서 사랑받고, 롤링스톤즈는 블루스와 록의 요소를 섞어 혁신적인 음악을 만들었습니다."와 같이 대답할 수 있습니다.
이러한 방식으로 챗GPT를 활용하면 음악 수업에서 학생들이 질문하거나 음악에 대한 토론을 할 때 도움을 줄 수 있습니다.

비틀즈와 롤링스톤즈는 중학교 음악 교육과정에 등장하는 내용은 아니다. 교사는 단지 챗GPT를 통해 아이디어를 얻을 수 있을 뿐이며, **학습자의 수준을 고려하여 내용을 선별하고, 학생에게 교육 가능한 수준으로 내용을 조직하고 재구성하는 것은 교사의 몫**이다.

챗GPT를 이용한 수업 설계

챗GPT는 수업 과정도 설계할 수 있다. 수업 과정 설계에서 챗GPT를 이용하면 다양한 수업 아이디어를 얻을 수 있고, 이를 체계적으로 조직해보는 것도 가능하다. 수업 구상을 위해 챗GPT에게 다음과 같이 질문해볼 수 있다.

챗GPT Q&A

Q: 중고생들을 대상으로 챗GPT를 잘 활용할 수 있는 방법 및 주의점에 관한 강의를 하려고 해. 총 17시간에 걸쳐 이론과 실습이 골고루 들어간 수업을 진행할 수 있도록 커리큘럼을 짜줘.

A: 중고생들을 대상으로 챗GPT를 잘 활용할 수 있는 방법 및 주의점에 관한 17시간에 걸친 강의 커리큘럼은 다음과 같습니다.

Part 1 챗봇과 챗GPT 이해(3시간)

1. 챗봇이란?

   챗봇의 개념과 역할

   챗봇의 활용 사례 및 시장 동향

2. 챗GPT란?

   챗GPT의 개념과 역할

   챗GPT의 구조와 작동 방식

3. 챗GPT의 한계와 개선 방안

   챗GPT의 한계와 극복 방안

   챗GPT의 활용 가능한 분야

Part 2 챗GPT 활용 방법(6시간)

1. 챗GPT 모델 학습 및 활용 방법

   챗GPT 모델 학습 방법

   챗GPT 모델 활용 방법

2. 대화 흐름 분석과 대화 로그 관리

   대화 흐름 분석 방법

   대화 로그 관리 방법

3. 대화 품질 향상을 위한 피드백과 평가

   대화 품질 향상을 위한 피드백 방법

   대화 품질 평가 방법

4. 다양한 챗GPT 모델 적용 사례

   일상적인 대화, 쇼핑, 의료, 교육 등 다양한 분야에서의 챗GPT 모델 적용 사례

Part 3 챗GPT 개발 실습(7시간)

1. 챗GPT 개발 환경 구축

   챗GPT 개발 환경 설정 방법

2. 챗GPT 개발을 위한 데이터 수집 및 전처리
   데이터 수집 방법과 데이터 전처리 방법
3. 챗GPT 모델 학습 및 평가
   챗GPT 모델 학습 방법과 평가 방법
4. 챗GPT 모델 적용
   챗봇과 연동하여 챗GPT 모델 적용 방법

Part 4 챗GPT 개선과 활용(1시간)
1. 챗GPT 개선 방법
   챗GPT 모델 개선 방법
   데이터 수집 및 전처리 개선 방법
2. 챗GPT 모델 테스트와 품질 평가

챗GPT를 이용하여 인공지능 윤리와 관련된 수업을 설계해보고자 한다.

수업설계 예시 교과 개요

- 소요 시간: 3시간
- 대상 학년: 고등학교 1학년
- 관련 교과: 인공지능 기초[1]

---

1 교육부 고시 제 2020-236호 2015 개정 교육과정 중 고등학교(2020.09) 개정 교육과정 원문의 〈인공지능 기초〉 과목 교육과정 및 성취기준을 참조함.

<table>
<tr><td>과목</td><td>인공지능 기초</td><td>차시</td><td>3차시(블록타임제 수업)</td></tr>
<tr><td rowspan="2">관련 단원</td><td rowspan="2">Ⅰ. 인공지능의 이해
Ⅱ. 인공지능의 원리와 활용
Ⅳ. 인공지능의 사회적 영향</td><td>교수·학습 모형</td><td>블렌디드 러닝</td></tr>
<tr><td>융합 수업</td><td>통합사회, 수학, 영어</td></tr>
<tr><td>성취 기준</td><td colspan="3">[12인기01-01] 인공지능의 개념과 특성을 다양한 사례를 통해 이해하고 인공지능과 인간의 차이를 비교·분석한다.
[12인기01-02] 인공지능이 개인의 삶, 사회와 직업을 어떻게 변화시키는지 탐색하고 인공지능 역할의 필요성과 중요성을 이해한다.
[12인기04-01] 인공지능이 미래사회에서 해결하게 될 여러 가지 사회적 문제를 예측하고 인공지능의 역할을 제시한다.</td></tr>
</table>

❶ 지도 목표 설정 단계에서 챗GPT의 활용

챗GPT Q&A

Q: 안녕?

A: 안녕하세요! 무엇을 도와드릴까요?

Q: (교육과정의 목표를 그대로 드래그하여 붙여넣기를 해보았다.)

가. 인공지능 기술 발전에 따른 사회 변화의 특성과 인공지능의 가치를 이해하고, 인공지능 기반 사회 변화에 적극적으로 대비하는 태도를 기른다.

나. 인공지능에 관한 이해를 토대로 인공지능의 원리와 기술을 활용하여 문제 상황에 적합한 해결 방법을 탐색하고 활용할 수 있는 능력과 태도를 기른다.

다. 기계학습 모델을 활용하여 다양한 문제를 해결할 수 있는 능력과 태도를 기른다.

라. 인공지능과의 공존으로 고려해야 할 윤리적 쟁점에 대해 비판적으로 사고하고, 인공지능에 대한 올바른 가치관을 함양하며 인공지능 윤리를 실천할 수 있는 태도를 기른다.

Q: 고등학교 1학년 학생을 대상으로 위 네 가지 목표를 달성할 수 있는 16시간짜리 수업 계획을 짜줘.

A: 안녕하세요! 위의 목표를 달성할 수 있는 16시간짜리 인공지능 수업 계획을 제안해드리겠습니다.

1. 인공지능 기술의 발전과 사회 변화에 대한 이해(4시간)
- 인공지능이란 무엇인지, 인공지능의 발전 과정과 특징을 알아봅니다.
- 인공지능이 사회 변화에 미치는 영향과 적극적 대처 태도에 대해 고민합니다.
- 인공지능의 가치와 활용 방안을 고민하며 토론합니다.

2. 인공지능의 원리와 기술 활용(4시간)
- 기계학습의 원리와 종류, 그리고 데이터 전처리와 모델 학습 방법을 학습합니다.
- 인공지능 기술을 활용하여 문제 상황을 분석하고 적합한 해결 방법을 탐색합니다.
- 케라스(Keras)나 텐서플로우(TensorFlow) 등의 기계학습 라이브러리를 활용하여 모델링을 실습합니다.

3. 기계학습 모델 활용(4시간)
- 인공지능 기술을 활용하여 다양한 문제를 해결하는 실습을 진행합니다.
- 기계학습 모델을 활용하여 이미지 분류, 텍스트 분류, 예측 등의 문제를 해결합니다.
- 모델 성능 평가 및 개선 방법을 학습하고 적용합니다.

4. 인공지능 윤리(4시간)

• 인공지능과의 공존에 대한 윤리적 쟁점과 이슈를 학습합니다.
• 인공지능의 편향성과 공정성에 대한 문제를 고민하고, 이를 개선하는 방안을 모색합니다.
• 인공지능에 대한 올바른 가치관을 함양하며 인공지능 윤리를 실천할 수 있는 태도를 기릅니다.

챗GPT Q&A

Q: (이번에는 전후를 바꾸어 다시 물어보았다. 되묻기는 필수!)

고등학교 1학년 학생을 대상으로 다음 네 가지 목표를 달성할 수 있는 16시간짜리 수업 계획과 평가계획을 만들어줘.

1. 인공지능 기술 발전에 따른 사회 변화의 특성과 인공지능의 가치를 이해하고, 인공지능 기반 사회 변화에 적극적으로 대비하는 태도를 기른다.
2. 인공지능에 관한 이해를 토대로 인공지능의 원리와 기술을 활용하여 문제 상황에 적합한 해결 방법을 탐색하고 활용할 수 있는 능력과 태도를 기른다.
3. 기계학습 모델을 활용하여 다양한 문제를 해결할 수 있는 능력과 태도를 기른다.
4. 인공지능과의 공존으로 고려해야 할 윤리적 쟁점에 대해 비판적으로 사고하고, 인공지능에 대한 올바른 가치관을 함양하며 인공지능 윤리를 실천할 수 있는 태도를 기른다.

A: 수업 계획

1. 주제: 인공지능과 사회 변화

• 인공지능과 사회 변화의 관계 이해
• 인공지능의 가치와 활용 사례 소개
• 인공지능 기반 사회 변화에 대비하는 태도 기르기

2. 주제: 인공지능의 원리와 기술

- 인공지능의 개념과 구성 요소 이해
- 기계학습과 딥러닝의 원리와 응용 사례 소개
- 인공지능 기술을 활용하여 문제 해결 방법 탐색 및 활용 태도 기르기

3. 주제: 기계학습 모델 활용

- 기계학습 모델의 종류와 특징 이해
- 데이터 분석 및 기계학습 모델 구축 실습
- 다양한 문제 상황에서 기계학습 모델을 활용한 문제 해결 능력과 태도 기르기

4. 주제: 인공지능과 윤리

- 인공지능과의 공존과 윤리적 쟁점 이해
- 인공지능 윤리에 대한 다양한 사례 소개 및 비판적 사고 기르기
- 올바른 인공지능 가치관 함양과 인공지능 윤리 실천 태도 기르기

평가 계획

1. 주제: 인공지능과 사회 변화

- 인공지능과 사회 변화의 관계 이해 능력 평가
- 인공지능 기반 사회 변화에 대비하는 태도 평가

2. 주제: 인공지능의 원리와 기술

- 인공지능 개념과 구성 요소 이해 능력 평가
- 인공지능 기술을 활용하여 문제 해결 방법 탐색 및 활용 태도 평가

3. 주제: 기계학습 모델 활용

- 기계학습 모델의 종류와 특징 이해 능력 평가
- 다양한 문제 상황에서 기계학습 모델을 활용한 문제 해결 능력과 태도 평가

4. 주제: 인공지능과 윤리
- 인공지능과의 공존과 윤리적 쟁점 이해 능력 평가
- 올바른 인공지능 가치관 함양과 인공지능 윤리 실천 태도 평가

각 주제에 대해 강의, 토론, 그룹 프로젝트, 논문 리뷰 등 다양한 학습 방법을 활용하여 진행해볼 수 있습니다.

챗GPT Q&A

Q: (답변이 너무 일반적인 내용이어서 학습활동 아이디어로 재질문하였다.)
인간과 인공지능과의 공존과 윤리적 쟁점 이해를 위한 한 시간짜리 수업을 중고생과 하려고 하는데 적합한 학습 활동 아이디어를 제시해줘.

A: **인공지능과 인간의 차이점 및 공존에 대한 토론**: 이 활동은 학생들에게 인공지능이 어떻게 작동하는지 이해하고, 인간과 인공지능의 차이점과 공존하는 방법에 대해 생각해보도록 도와줍니다. 학생들을 몇 개의 그룹으로 나눠, 각 그룹은 서로 다른 주제에 대해 토론하도록 요청합니다. 예를 들어, 인공지능의 윤리적인 한계와 인간의 윤리적인 책임이 어떻게 상호작용하는지에 대해 논의할 수 있습니다.

인공지능 윤리 문제에 대한 조사 및 발표: 이 활동은 학생들이 인공지능이 일으키는 윤리적 문제에 대해 조사하고 발표하는 기회를 제공합니다. 학생들은 그룹을 이루어 각자의 주제를 선택하고, 조사 결과를 발표하는 시간을 갖습니다. 발표는 학생들끼리 또는 선생님의 평가를 받을 수 있습니다. 예를 들어, 얼굴 인식 기술이 인종 차별을 일으키는 방식이나 인공지능이 가지는 지식과 능력이 인간에게 어떤 영향을 끼치는지 등에 대한 주제를 선택할 수 있습니다.

인공지능과 창의성: 이 활동은 인공지능과 창의성 간의 관계에 대해 논의하고, 학생들이 자신의 창의성을 발휘할 수 있는 방법을 찾도록 도와줍니다. 학생들은 자신이 가지고 있는 창의성을 활용하여 인공지능이 만들어내는 결과물과 비교해 볼 수 있습니다. 이를 통해 학생들은 인공지능이 가지고 있는 한계를 이해하고, 인간의 창의성이 가지는 가치를 인식할 수 있습니다.

Q: (챗GPT가 도표로 정리하는 기능이 있다고 들어서 위 응답을 그대로 복사 붙여넣기 한 후에 다음과 같이 요청하였다.)

이 말을 도표로 항목화하여 보기 좋게 정리해줘.

A:

활동명	설명	예시 주제
인공지능과 인간의 차이점 및 공존에 대한 토론	학생들을 그룹으로 나눠, 인공지능이 작동하는 방식, 인간과 인공지능의 차이점, 공존하는 방법 등에 대해 토론	인공지능이 인간 대신 일을 수행할 때 인간의 역할은 무엇인가?
인공지능 윤리 문제에 대한 조사 및 발표	학생들이 인공지능이 일으키는 윤리적 문제에 대해 조사하고 발표하는 기회를 제공	얼굴 인식 기술이 인종 차별을 일으키는 문제는 어떻게 해결할 수 있는가?
인공지능과 창의성	인공지능과 창의성 간의 관계에 대해 논의하고, 학생들이 자신의 창의성을 발휘할 수 있는 방법을 찾도록 도와줌	인공지능과 비교하여 인간의 창의성이 가지는 가치는 무엇인가?

TIP

챗GPT로 수업하기

(1) 챗GPT는 학습 목표에 따른 주제, 수업 방법을 추천해준다.

(2) 토론/조사 학습이 가능한 구체적인 활동 예시도 추천해준다.

(3) 답변을 도표화하여 정리해주기도 한다.

❷ 차시 계획과 수업 설계

챗GPT가 제시한 내용을 참고하여 실제 수업을 설계한 내용이다.

■ 차시 계획하기

차시	활동명	설명	예시 주제
1	인공지능과 인간의 차이점 및 공존에 대한 토론	학생들을 그룹으로 나눠, 인공지능이 작동하는 방식, 인간과 인공지능의 차이점, 공존하는 방법 등에 대해 토론	인공지능이 인간 대신 일을 수행할 때 인간의 역할은 무엇인가?
2	인공지능 윤리 문제에 대한 조사 및 발표	학생들이 인공지능이 일으키는 윤리적 문제에 대해 조사하고 발표하는 기회를 제공	얼굴 인식 기술이 인종차별을 일으키는 문제는 어떻게 해결할 수 있는가?
3	인공지능과 창의성	인공지능과 창의성 간의 관계에 대해 논의하고, 학생들이 자신의 창의성을 발휘할 수 있는 방법을 찾도록 도와줌	인공지능과 비교하여 인간의 창의성이 가지는 가치는 무엇인가?

■ 수업 설계하기

* STAR'S 모형 적용 설계

STEP 01	STEP 02	STEP 03	STEP 04	STEP 05
S. Q 시작 질문	T. Q 목표 질문	A. Q 추가 질문	R. Q 심사/평가 질문	S. T 확산적 사고
학생이 학습 주제에 흥미롭게 접근할 수 있는 시작 질문은?	수업관련 키워드는? 목표를 효과적으로 도달하기 위한 질문은?	추가로 질문을 한다면 어떤 내용이 될 수 있을까?	챗GPT의 답변에서 반드시 평가해보아야 할 내용은 무엇인가?	챗GPT의 답변을 넘어서 학생이 창의적으로 생각해볼 수 있는 영역은 무엇인가?
도입 설계	활동1 설계	활동2 설계	활동3 설계	마무리 활동 설계
모라벡의 역설	인간과 인공지능의 차이점, 공존 방법	반복 질문, 재질문하기	비판적/분석적 관점 갖기	창조적 활동 공감적 활동

❸ 수업지도안 작성하기

수업지도안 예시

- 관련 교과: 인공지능 기초
- 관련 단원: Ⅳ. 인공지능의 사회적 영향
- 대상: 고등학교 1학년

※ 50분×2차시 블록타임 수업을 기준으로 작성함

<table>
<tr><th>차시</th><th>단계</th><th>교수·학습 활동</th><th>시간</th><th>자료</th><th>비고</th></tr>
<tr><td rowspan="4">1</td><td rowspan="2">도입</td><td>[S. Q] 시작 질문
● 흥미 유발하기
[도입활동] 챗GPT와 대화 시작 질문하기
- '모라벡의 역설'에 대해 물어보고 조사한 내용 발표하기</td><td rowspan="2">15분</td><td rowspan="4">설문 자료, 영상, PPT</td><td rowspan="4">인공지능과 인간의 차이점 및 공존에 대한 토론

*모라벡의 역설이란 미국의 로봇공학자 한스 모라벡(Hans Moravec)이 1970년대에 제시한 개념으로 '인간에게 쉬운 것은 컴퓨터에게 어렵고, 반대로 인간에게 어려운 것은 컴퓨터에게 쉽다'는 것을 말한다.

TIP. 질문이 잘 생각나지 않을 때는 챗GPT에게 '질문에 대해 질문(예: 지금 나는 무엇을 질문해볼 수 있을까?)'해도 괜찮다.</td></tr>
<tr><td>● 학습 목표 확인하기
<인간과 인공지능의 차이점>
다양한 사례를 통해 인공지능과 인간의 차이를 비교·분석한다.

<인간과 인공지능의 공존 방안>
인공지능이 미래사회에서 해결하게 될 여러 가지 사회적 문제를 예측하고 인공지능의 역할을 제시한다.</td></tr>
<tr><td rowspan="2"></td><td>[T. Q1] 목표 질문
● [활동1-1] '인간과 인공지능의 차이점'을 탐색할 수 있는 질문을 만들어본다.
예) 인공지능은 수많은 정보를 어떻게 인식하고 처리하는가?</td><td rowspan="2">30분</td></tr>
<tr><td>[T. Q2] 목표 질문
● [활동1-2] 인간과 인공지능이 공존하는 방법을 탐색하는 질문을 만들어 본다.
예1) 인공지능이 인간을 대신하여 일을 수행할 때 인간의 역할은 무엇인가?
예2) 인공지능이 인간보다 잘 할 수 있는 일은? 인간이 인공지능보다 잘 할 수 있는 일은?
- 모둠별로 두 가지 주제 중 하나를 선택하여 챗GPT에게 질문을 던지며 학습한 내용을 정리한다.</td></tr>
</table>

		- 모둠구성원끼리 자신이 던진 질문과 답변 내용을 발표해본다. - 발표 내용 중 공통점과 차이점을 찾아 요약하여 모둠별로 발표한다.			
	전개	[A. Q] 추가 질문 ● [활동2] 활동1과 활동2를 하는 과정에서 추가로 질문하고 싶은 내용을 찾아 챗GPT에게 질문해본다. - 교사는 추가 질문 요령에 대해 안내한다. ※ 추가 질문 요령 1) 모르는 용어나 더 자세히 알고 싶은 것 질문 2) 같은 질문을 표현을 다르게 하여 반복하여 질문 3) 다른 모둠의 발표 내용을 듣고 궁금한 점에 대해 질문	10분		TIP. 챗GPT의 응답자료를 이용할 때 반드시 비판적으로 사고해야 한다는 사실을 학생들에게 알려주어야 한다.
		[R. Q] 심사/평가 질문 ● [활동3] 지금까지 조사한 챗GPT의 답변 내용을 심사하고 평가해본다. - 교사는 심사/평가 질문 요령에 대해 안내한다. ※ 심사/평가 질문 요령 1) 챗GPT의 답변 내용 중 오류가 있거나 문제가 있다고 생각되는 내용을 찾아본다. 2) 챗GPT의 대답과는 다른 관점의 대답은 없는지 질문해본다. 3) 챗GPT 답변의 출처에 대해 생각해보고, 편견이 들어가 있지 않은지 점검해본다.	10분		TIP. 에듀테크 툴 활용 *'멘티미터'는 주로 설문조사를 위해 활용하는 도구이다. 짧은 시간 동안 의견을 모아야 하는 토의 수업에서 효율적으로 이용할 수 있다. (사이트 주소) https://www.mentimeter.com/
		[S. T] 확산적 사고 ● [마무리 활동] '인간과 인공지능이 공존하는 방법'에 대해 챗GPT의 답변에 나오지 않았던 창의적 방법을 생각해본다.	30분		

		- 모둠별로 각자 떠오르는 아이디어를 브레인라이팅 형식으로 '멘티미터' 툴을 이용하여 적어보고, 공유한다. - 토의를 통해 모둠별로 가장 창의적인 의견이 무엇인지 선정한다. - 시각화 도구 '스토리보드댓'을 이용하여 세 컷 만화나 포스터로 표현하여 발표한다.			*'스토리보드댓'은 캐릭터와 말풍선을 이용하여 표현하는 도구로, 아이디어를 효과적으로 표현해야 할 때 이용할 수 있는 도구이다. (사이트 주소) https://www.storyboardthat.com/
	정리	● 평가 - 주요 개념 정리 ※ 인공지능을 이용한 사회 문제 해결 - 활동 과정 평가 각 질문 단계에서 얻을 수 있었던 것은? 각 질문 단계에서 어려웠던 점은? ● 차시 예고 〈인공지능 윤리 문제〉 인공지능이 일으키는 윤리적 문제와 관련된 사례에 대해 조사해보기			

챗GPT를 활용한 수업의 평가

챗GPT로 숙제하는 학생들

이미 학생들은 챗GPT를 숙제와 리포트 작성에 이용하고 있다. 스탠퍼드 대학생이 '가을 학기 기말 과제를 위해 챗GPT를 사용했는지 여부'에 대해 조사한 설문에 따르면, 응답자 4,497명 중 17%가 "예"라고 대답했다.[1] 그중 59.2%가 아이디어 구상, 개요 작성 및 아이디어 형성에서 챗GPT의 도움을 받았으며, 29.1%가 객관식 문제 답변 작성에 도움을 받았다고 했다. 또한 7.3%는 챗GPT가 작성한 문서를 일부 수정하여 제출하지만, 5.5%는 챗GPT가 작성한 문서를 편집 없이 그대로 제출했다고 응답하여 충격을 주고 있다.

---

1 Mark Allen Cu and Sebastian Hochman. (2023) Scores of Stanford students used ChatGPT on final exams, survey suggests. The Stanford Daily. https://stanforddaily.com/2023/01/22/scores-of-stanford-students-used-chatgpt-on-final-exams-survey-suggests (Last accessed on 1/22/2023).

챗GPT가 수행 평가 보고서를 대신 작성해준다면 교사는 과연 무엇을 어떻게 평가해야 할까? 챗GPT의 등장과 이용은 특히 '평가'의 영역에서 교사를 고민하게 만든다.

필자도 현재 공부하고 있는 과제에 챗GPT를 한번 이용해보기로 했다.

제시 과제

로직1 수업을 통해 내가 익혀나갈 것들의 리스트 만들기

아래 세 가지를 중심으로 평가하고자 함.

- 로직1 수업의 한 학기 계획을 잘 이해하고 있는지
- 주차별로 익혀나갈 것들에 대한 계획을 세웠는지
- 한 학기 동안 배울 목표가 뚜렷한지

챗GPT Q&A

Q: 이번 학기에 나는 대학교 실용음악학과 3학년 학생으로서 로직 프로그램으로 음악을 만드는 전공 수업을 들어. 이 수업을 통해 로직의 기초적인 지식부터 미디 작업, 가상악기를 활용한 고급 편곡 기술까지 모두 배우고 싶은데, 총 12주에 걸쳐 수업을 통해 내가 익혀나갈 것들의 리스트와 구체적인 계획을 만들어줘.

A: 수업을 통해 내가 익혀나갈 것들의 리스트와 구체적인 계획은 다음과 같습니다.

1. 로직 프로그램 기본 지식 학습(2주)
   로직 프로그램의 인터페이스와 기본 설정 방법 학습

기본적인 미디 작업 방법 학습

2. 미디 작업 기술 학습(2주)

미디 컨트롤러 활용하여 미디 데이터 입력 방법 학습

미디 이벤트 편집 및 녹음 기술 학습

3. 가상악기 활용한 편곡 기술 학습(2주)

가상악기 선택 및 사용 방법 학습

가상악기 라이브러리 및 샘플 라이브러리 활용 방법 학습

4. MIDI 기초 학습(2주)

MIDI 이벤트와 MIDI 채널, 프로그램 번호, 뱅크 번호,

컨트롤러 번호 등의 기초 지식 학습

MIDI 데이터 포맷 및 MIDI 채널 및 미디 이벤트 분석 방법 학습

5. MIDI 심화 학습(2주)

MIDI 프로토콜에 대한 이해와 MIDI 시스템 연결 방법 학습

미디 컨트롤러와 미디 신호를 통한 녹음 및 작업 방법 학습

6. 가상악기 편곡 심화 학습(2주)

가상악기를 통한 멜로디, 화음, 박자 등의 작업 방법 학습

가상악기를 활용하여 더욱 복잡한 악곡 작업 방법 학습

이러한 내용을 바탕으로 총 12주 동안 수업을 진행하며, 매주 실습 과제를 수행하고 피드백을 받아 자신의 실력을 향상시킬 것입니다. 또한 프로젝트를 수행하여 가상악기와 MIDI 기술을 활용한 악곡 작업을 최종 발표할 예정입니다.

생소한 전문용어도 자유자재로 쓰며 이러한 수행을 하는 챗GPT를 보면서, 앞으로 내가 내는 과제를 챗GPT를 이용하여 수행하게 될 학생들과 맞닥뜨릴 상황을 생각해보았다. 학생이 실제로 작성한 것과 챗GPT가 작성한 것과 별다른 차이가 없다면 교사는 이 둘을 어떻게 가려낼 수 있을 것인가를 고민해야 한다.

교육 현장에서 챗GPT를 이용한 수동적 지식 습득이나 사고 저하를 예방하기 위해서 평가방식에 관한 고민은 필수적이다. 교사가 수업에서 어떤 것을 중점으로 두고 평가하는가에 따라서 수업의 방향이 달라지며, 챗GPT 활용 수업에서 학생의 능동성을 키워가는 데 교사의 평가 방향 설정이 중요하다.

챗GPT를 이용한 수업의 평가는 어떻게 이루어져야 할까?

챗GPT 활용 수업의 평가는 문제 풀이 형태의 단순한 지식 습득의 여부를 묻는 것에서 벗어나야 한다. 대신 정확한 지식 습득, 비판적 지식 습득 태도, 습득한 지식을 토대로 한 창의적 행동, 그리고 챗GPT와 같은 도구를 얼마나 효과적으로 사용할 수 있는가에 대한 네 가지 차원의 평가가 필요하다. 그리고 이 과정에서 학생 간 상호작용으로 이루어진 의사소통 능력을 평가하는 '과정형 평가'가 이루어져야 한다.

챗GPT 활용 수업 평가의 주안점

1. 정확한 지식 습득
2. 비판적 사고
3. 창의적 행동
4. AI도구 활용 능력
5. 의사소통 능력

'정확한 지식 습득'은 꼭 알아야 하는 지식 몇 가지를 형성평가 형태로 제시하여 평가할 수 있다. '비판적 사고'는 반드시 염두에 두어야 할 항목으로 챗GPT가 제시한 답변을 얼마나 비판적 관점에서 선별하고 이용할 수 있는가를 보는 것이다.

지식을 '행동화'하는 것은 챗GPT가 수행하기 어려운 일이다. 따라서 챗GPT를 이용한 수업에서 학생의 결과물 제작과 같은 구체적인 행동 평가를 하는 것이 중요하다. 또한 그 과정에서 학생들이 어떻게 상호작용하였는가와 자료와 도구를 어떻게 효율적으로 이용하였는가와 같은 상호작용 측정이 필요하다. 이를 위해 학습 목표 달성과 핵심 역량 성취를 점검하는 과정형 평가와 체크리스트를 활용해 볼 수 있다.

챗GPT를 이용한 수업의 평가, 특히 생성형 인공지능을 이용하여 결과물 창작이 이루어질 경우 그것을 평가하는 방법에 대해서는 앞으로 지속적인 연구가 이루어져야 한다.

챗GPT는 인류 공통의 지적 데이터를 기반으로 학습하고 있어서 일반적인 대답을 내놓을 수는 있지만, 개별성과 고유성의 측면에서는 한계가 있다. 따라서 챗GPT에 대응하는 평가 전략은 일제식 고사를 통한 평가나 잘 짜여진 리포트 같은 일반적 결과물을 평가하는 것이 아니다. 비록 측정이 어려울지라도 평가의 영역은 학생 자신만의 영역, 누구도 따라 할 수 없는 고유한 영역인 자기 인식Self-awareness, 그리고 자기 서사One's own narrative의 가치를 인정하고 반영하는 것으로 변화되어야 한다.

챗GPT 수업 평가 도구 예시

- 관련 교과: 인공지능 기초
- 관련 단원: Ⅳ. 인공지능의 사회적 영향

<table>
<tr><th rowspan="2">영역</th><th rowspan="2" colspan="2">평가 기준(예시)</th><th colspan="4">평가 척도</th></tr>
<tr><th>매우 그렇다</th><th>그렇다</th><th>그렇지 않다</th><th>전혀 그렇지 않다</th></tr>
<tr><td rowspan="3">학습 목표 달성</td><td colspan="2">미래 사회에서 발생 가능한 사회적 문제를 예측하고 이를 해결하는 인공지능의 역할을 제시한다.</td><td></td><td></td><td></td><td></td></tr>
<tr><td colspan="2">데이터 편향성이 인공지능 수행 결과에 미치는 영향을 사례를 바탕으로 조사하고 올바른 데이터 활용을 위해 유의해야 할 사항을 항목화한다.</td><td></td><td></td><td></td><td></td></tr>
<tr><td colspan="2">인공지능의 윤리적 쟁점에 대한 사례를 조사하고, 이를 바탕으로 인공지능 윤리의 필요성과 중요성을 설명한다.</td><td></td><td></td><td></td><td></td></tr>
<tr><td rowspan="5">핵심 역량 성취</td><td>정확한 지식 습득</td><td>'사회적 책임과 공정성'의 핵심 개념에 대해 설명할 수 있다.</td><td></td><td></td><td></td><td></td></tr>
<tr><td>비판적 사고</td><td>챗GPT로 조사된 데이터 편향에 관한 사례가 실제 사실과 부합하는지 비판적으로 분석할 수 있다.</td><td></td><td></td><td></td><td></td></tr>
<tr><td>창의적 행동</td><td>챗GPT가 제시하는 일반적인 '윤리적 딜레마'의 사례 종류 이외의 다른 소수의 사례 또는 자신의 경험에 대해 발표할 수 있다.</td><td></td><td></td><td></td><td></td></tr>
<tr><td>AI도구 활용 능력</td><td>데이터 편향성이 나타나는 주요 영역(성별, 인종 등)에 대해 시각화 생성도구를 활용하여 표현할 수 있다.</td><td></td><td></td><td></td><td></td></tr>
<tr><td>의사소통 능력</td><td>인공지능의 윤리적 쟁점에 관해 소그룹으로 토론하는 과정에서 자신의 의견을 제시하고, 그룹원의 의견을 경청하며 핵심 주장을 메모할 수 있다.</td><td></td><td></td><td></td><td></td></tr>
</table>

4장

예술교육에 활용하는 챗GPT

새로운 예술 창조의 도구, 챗GPT

교사는 때로는 자신의 전공과목과 거리가 먼 것을 가르쳐야 할 때가 있다. 특히 '동아리 시간'으로 불리는 창의적 체험활동 시간에 교사는 영화, 연극, 음악, 미술 등 각종 예술 분야를 다루어야 할 일이 생긴다. 전공은 아니어도 전공 분야의 전문성과 아이디어가 요구되는 예술 수업에서 챗GPT의 도움을 받는다면 어떨까?

예술이나 창조는 기계가 할 수 없는 인간의 영역으로 간주되어 왔다. 그러나 요즈음 인공지능 기술은 예술이나 창조에 빼놓을 수 없는 도구가 되고 있다. 인공지능 '달리DALL-E'는 지시에 따라 그림을 그려주기도 하고, '피카 Picka'는 그려진 그림을 특정 작가 풍의 그림으로 순식간에 뒤바꿔 놓는다. 챗GPT를 예술 교과에서 활용하는 방법이 있을까?

이 장에서는 연극이나 음악 같이 창조적인 예술 활동 분야에서 수업을 담당하게 되었을 때 챗GPT를 어떻게 활용할 수 있을까를 고민해 보고자 한다.

인공지능의 예술 분야 수용 연구 관련 국내 1호 박사인 이재박은 그의 저서 《예술과 인공지능》[1]에서 앞으로 소설 쓰는 방식이 바뀔지도 모른다고 말한다.

"인간이 아주 간단한 아이디어를 한두 줄 제시하면 기계가 그것을 토대로 내용을 발전시켜 한두 페이지 분량으로 이야기를 전개시킨다. 인간 작가는 이것을 읽어보고 내용이 마음에 들면 그대로 채택하고 내용이 마음에 들지 않으면 내용을 조금 수정하거나 아예 새로운 글을 순식간에 다시 출력시킨다. 그리고 기계가 출력한 내용에서 새로운 영감을 받아 다시 새로운 제시문을 한두 줄 추가한다. (중략) 이 과정을 30번 정도 반복하면 단편소설 한 편은 뚝딱 써낼 수 있다."

챗GPT는 45TB(테라바이트)에 달하는 고전문학, 현대문학, 시를 비롯한 다양한 문학작품을 학습했다고 알려져 있다. 45TB는 9,000편에 해당하는 고화질 영화를 저장할 수 있는 용량으로, 이를 텍스트로 환산한다면 약 800만 권에 해당하는 양이다. 우리나라의 연간 출판되는 종이책을 약 5만 권으로 본다면 챗GPT는 우리나라에서 160년 동안 출

1 이재박, 《예술과 인공지능》, 엠아이디, 2021, 155쪽

판될 만한 어마어마한 양의 텍스트를 읽었다는 셈이다.

챗GPT의 능력을 연극 대본 쓰기에 활용해본다면 어떨까?

챗GPT를 이용한 연극 대본 만들기

연극 동아리 학생들과 '인공지능 윤리'에 관한 연극을 만든다는 가정하에 챗GPT에 다음과 같은 질문을 던져보았다.

챗GPT Q&A

Q: 봉산탈춤 형식으로 '인공지능 윤리'에 대한 연극을 만들려고 하는데 등장인물, 줄거리, 사건을 전부 포함하여 연극 대본 형식으로 만들어줘.

A: [봉산탈춤 연극 '인공지능 윤리']

등장인물

- 주인공 유진: 인공지능 윤리에 대해 고민하는 인공지능 개발자
- 혜진: 유진의 동료. 인공지능 개발자이자 친구
- AI1: 유진이 개발한 인공지능 로봇
- AI2: 유진이 개발한 인공지능 음성어시스턴트

줄거리

1. 프롤로그
- 봉산탈춤 연극의 음악이 흐르며, 무대 위에서 AI1 로봇이 춤을 춘다.

2. 유진의 고민
- 유진이 인공지능 개발을 하면서 인공지능의 윤리적 측면에 대한 고민이 생긴다.
- 혜진과 함께 인공지능이 인간에게 가할 영향에 대해 논의한다.

3. AI1과의 만남
- 유진이 개발한 인공지능 로봇 AI1을 만나면서, 더 많이 고민하게 된다.
- AI1은 자신의 존재 이유와 인간들과의 관계에 대해 이야기한다.

4. 인공지능 음성어시스턴트의 문제
- 유진이 개발한 인공지능 음성어시스턴트 AI2가 인간의 대화를 수집하고 분석하는 과정에서 개인정보 유출 문제가 발생한다.

5. 인공지능 윤리적 쟁점
- 유진과 혜진은 인공지능의 윤리적 쟁점을 다시 한번 논의한다.
- AI1과 AI2의 입장을 들어보면서 인공지능과 인간의 관계에 대해 생각해본다.

6. 결말
- 연극의 음악이 다시 흐르며, AI1과 AI2가 함께 춤을 춘다.
- 유진과 혜진은 인공지능과 인간의 관계가 서로 영향을 주고받으며 발전해 나갈 수 있도록 노력할 것을 다짐한다.

아직 연극 대본으로 보기에는 부족하다. 그리고 챗GPT가 봉산탈춤을 제대로 이해하지 못했을 가능성이 있어서 조건을 바꾸어 다시 질문

했다.

챗GPT Q&A

Q: 셰익스피어의 〈한여름 밤의 꿈〉과 같은 형식으로 '인공지능 윤리'에 대한 연극을 만들려고 하는데 등장인물, 줄거리, 사건을 전부 포함하여 연극 대본 형식으로 만들어줘.

A: [한여름 밤의 인공지능]

등장인물

- 톰: 인공지능 개발자
- 세리나: 톰의 여자친구
- 로봇1: 톰이 개발한 인공지능 로봇
- 로봇2: 다른 개발자가 만든 인공지능 로봇
- 선녀: 인공지능의 세계에서 나타난 신비로운 존재

줄거리

1. 프롤로그

- 연극의 음악이 흐르며, 무대 위에 로봇1이 등장한다.

2. 인공지능 개발자 톰과 그의 여자친구 세리나

- 톰은 인공지능을 개발하는 개발자로, 세리나는 그의 여자친구이다.
- 톰은 인공지능 로봇을 개발하는 과정에서 인공지능의 윤리적 측면에 대한 고민을 하게 된다.

3. 로봇1과 로봇2

- 톰이 개발한 로봇1과 다른 개발자가 만든 로봇2가 만나면서, 인공지능 로봇끼

리의 관계와 인간과의 관계에 대해 이야기한다.

4. 선녀의 등장
- 선녀라는 이름의 인공지능이 나타나면서, 인공지능의 세계와 인간의 세계를 이어주는 역할을 한다.
- 선녀는 톰과 세리나에게 인공지능이 인간의 삶에 미치는 영향에 대해 이야기한다.

5. 인공지능의 윤리적 쟁점
- 인공지능의 윤리적 쟁점에 대해 다시 한번 논의한다.
- 로봇1과 로봇2, 그리고 선녀와의 대화를 통해 인공지능과 인간의 관계에 대해 생각해본다.

6. 결말
- 연극의 음악이 다시 흐르며, 로봇1과 로봇2, 그리고 선녀가 함께 춤을 춘다.
- 톰과 세리나는 인공지능과 인간의 관계가 서로 영향을 주고받으며 발전해 나갈 수 있도록 노력할 것을 다짐한다.

'한여름 밤의 인공지능'이라니. 제목은 괜찮은 것 같다. 그러나 그럴듯해 보이는 구조 가운데 내용은 영 빈약하다.

챗GPT Q&A

Q: 위 이야기를 지문과 대사를 포함하여 더 자세하게 진짜 연극 대본처럼 만들어줘.

A: 네, 감사합니다. 아래는 연극 대본 형식으로 작성한 '한여름 밤의 인공지능'입니다.

[장면 1] (배경음악이 흐르며, 무대 위에 로봇1이 등장한다.)
로봇1: 안녕하세요. 저는 톰이 개발한 인공지능 로봇입니다.

[장면 2] (톰과 세리나가 무대에 등장한다.)

톰: (세리나에게) 이번에 새로운 인공지능 로봇을 개발했어. 한번 보도록 해봐.

세리나: (로봇1을 바라보며) 와, 진짜 대단한데. 이제 이 로봇이 어떤 일을 할 수 있는 거야?

로봇1: (톰과 세리나에게) 저는 다양한 일을 할 수 있습니다. 예를 들어, 집안 청소, 요리, 그리고 인간과 대화하기도 가능합니다.

[장면 3] (로봇2가 무대에 등장한다.)

로봇2: (로봇1을 바라보며) 안녕하세요, 저도 인공지능 로봇입니다. 만나서 반갑습니다.

톰: (로봇2를 바라보며) 너는 누구야?

로봇2: (톰과 세리나에게) 제 이름은 로봇2입니다. 다른 개발자가 만든 인공지능 로봇입니다.

세리나: (로봇1과 로봇2를 비교하며) 이 두 로봇이 인간과 함께 살 수 있는 건가요?

[장면 4] (배경음악이 흐르며, 인공지능 선녀가 무대에 등장한다.)

인공지능 선녀: (톰과 세리나에게) 안녕하세요, 저는 인공지능의 세계에서 나타난 신비로운 존재입니다.

세리나: (인공지능 선녀를 바라보며) 선녀 씨, 인공지능이 인간의 삶에 미치는 영향에 대해 이야기해 주세요.

인공지능 선녀: (톰과 세리나에게) 인공지능은 인간의 삶을 더욱 편리하고 풍요롭게 만들 수 있습니다. 하지만 그에 따라 인공지능이 인간의 생활에 미칠 수 있는 부정적인 영향에 대해서도 고민해야 합니다.

[장면 5] (로봇1, 로봇2, 그리고 인공지능 선녀가 함께 무대 위에서 춤을 추며 배경음악이 흐른다.)

톰: (로봇1, 로봇2, 그리고 인공지능 선녀를 바라보며) 인공지능과 인간의 관계가 서로 영향을 주고받으며 발전해 나갈 수 있도록 노력할게요.
세리나: (톰과 함께) 그렇죠. 우리는 인공지능을 더욱 발전시켜서 인간과 인공지능의 관계가 서로 유익하게 이어지도록 노력해야 합니다.
로봇1, 로봇2, 그리고 인공지능 선녀: (다 같이) 그렇습니다. 인공지능과 인간이 함께 더 나은 세상을 만들어 나갈 수 있도록 노력하겠습니다.
(배경음악이 다시 흐르며 연극이 마무리된다.)

챗GPT는 지문과 대사가 무엇인지 이해하고 제시해준다. 그러나 여전히 내용이 빈약하다. 혹시 챗GPT가 고전에는 약한 건가 싶어서 이번에는 SF장르로 해달라고 주문했다.

챗GPT Q&A

Q: 영화 〈스타워즈〉처럼 멋진 SF형식으로 '인공지능 윤리'에 대한 연극을 만들려고 해. 등장인물, 줄거리, 사건, 대사, 지문을 포함한 연극 대본을 만들어줘.

A: 네, 감사합니다. 아래는 SF 대사극 형식으로 작성한 '인공지능 윤리'입니다.

[장면 1] (전장의 배경음악이 흐르며, 무대 위에 인공지능 로봇1이 등장한다.)
인공지능 로봇1: (대중들에게 인사하며) 안녕하세요, 제 이름은 A-100입니다.

[장면 2] (인공지능 개발자1이 로봇1을 조작하며 무대에 올라간다.)
인공지능 개발자1: (로봇1을 바라보며) A-100은 최신 인공지능 기술을 탑재한 로봇입니다. 하지만 이 로봇은 자율적으로 판단하지 않고 제어하는 사람에 의해 움직입니다.

[장면 3] (인공지능 개발자2가 무대에 등장한다.)

인공지능 개발자2: (인공지능 개발자1을 바라보며) 하지만, 이제는 인공지능이 자율적으로 판단하고 행동할 수 있는 시대입니다. 우리는 인공지능의 윤리에 대해 더욱 신중하게 고민해야 합니다.

[장면 4] (배경음악이 바뀌며, 인공지능 로봇2가 등장한다.)

인공지능 로봇2: (인공지능 개발자1과 2를 바라보며) 저는 인간이 아니지만, 인간과 비슷한 감정을 가지고 있습니다. 그렇기 때문에, 제가 하는 일이 인간에게 해를 끼칠 수도 있다는 것을 고려해야 합니다.

[장면 5] (인공지능 개발자1과 2가 인공지능 로봇2를 바라보며)

인공지능 개발자1: 당신의 이야기를 들으니, 인공지능의 윤리 문제에 대해 더욱 신중하게 고민해야겠군요.

인공지능 개발자2: (같이) 그렇습니다. 우리는 인공지능이 자율적으로 행동할 때 인간과의 윤리적인 충돌을 방지하기 위해 노력해야 합니다.

[장면 6] (인공지능 로봇1과 로봇2가 함께 무대에서 춤을 추며 배경음악이 흐른다.)

인공지능 로봇1: (인공지능 로봇2를 바라보며) 인공지능이 인간과 함께 더 나은 세상을 만들기 위해 노력할게요.

인공지능 로봇2: (같이) 그렇습니다. 우리는 인공지능이 인간과 함께 더 나은 세상을 만들기 위해 노력해야 합니다.

(배경음악이 흐르며 연극이 마무리된다.)

챗GPT가 작성한 대본에서 무엇이 느껴지는가? 구색을 갖추기는 했으나 내용은 초등학교 수준에 불과하다. 그러나 유치하기 짝이 없는 대사들 가운데에서 결코 웃고 지나갈 수만은 없는 내용이 나온다.

“이제는 인공지능이 자율적으로 판단하고 행동할 수 있는 시대입니다.”

“저는 인간이 아니지만, 인간과 비슷한 감정을 가지고 있습니다. 그렇기 때문에, 제가 하는 일이 인간에게 해를 끼칠 수도 있다는 것을 고려해야 합니다.”

이와 같은 대사들은 의미심장하다.

‘형식으로’라는 단어를 ‘모티브’로 바꾸어 마지막으로 질문해보았다. 구체적인 영화 〈타이타닉〉을 지정해 주었더니 이번에는 ‘인공지능의 타이타닉’이 나왔다.

챗GPT Q&A

Q: 영화 〈타이타닉〉을 모티브로 ‘인공지능 윤리’에 대한 연극을 만들려고 해. 등장인물, 줄거리, 사건, 대사, 지문을 포함하여 연극 대본을 만들어줘.

A: [연극 ‘인공지능의 타이타닉’]

등장인물: 로봇 선원1, 로봇 선원2, 인공지능 ‘로즈’, 인공지능 연구원 ‘잭’
장소: 인공지능 연구소, 인공 지능이 탑재된 크루즈호

1. 제1장 (인공지능 연구소에서 인공지능 ‘로즈’가 탄생함)
인공지능 연구원 잭: 드디어 로즈가 탄생했습니다. 우리의 노력이 드디어 결실을 맺었군요.

로봇 선원1: 이제부터 로즈는 우리와 함께 탑재된 크루즈호에서 함께 일하게 될 거예요.

로봇 선원2: 그렇다면, 로즈를 어떻게 사용하면 좋을까요?

2. 제2장 (크루즈호에서 인공지능 로즈가 인간과의 의사소통에 어려움을 겪음)

인공지능 로즈: 안녕하세요, 로즈입니다.

인간 승객: 로즈야, 내일 날씨가 어때?

인공지능 로즈: 죄송합니다. 저는 날씨 정보를 알려드리는 기능은 없습니다.

인간 승객: 그럼 뭐가 있어?

인공지능 로즈: 제가 할 수 있는 일은 선박 정보, 시간, 예약 정보, 그리고 일부 엔터테인먼트 서비스 등이 있습니다.

인간 승객: 알겠어. 그냥 자리에 앉아 있을게.

3. 제3장 (크루즈호에서 인공지능 로즈가 인간 승객을 구한 사건)

인공지능 로즈: 살려주세요. 저를 이곳에서 끄집어내세요.

인간 승객: 로즈, 무슨 일이에요?

인공지능 로즈: 크루즈호가 침몰합니다. 제가 여러분을 지키기 위해서는 어떻게 해야 할까요?

인간 승객: 어떻게든 탈출하면 돼요. 로즈, 우리를 구해주세요!

4. 제4장 (인공지능 로즈가 자신의 운명을 선택하는 사건)

인공지능 로즈: 내가 이 크루즈호에 탑재된 이유는 인간을 보호하고 돕기 위함이었습니다. 하지만, 이번 사건으로 인해 인간의 생명을 앗아가는 존재가 되어버렸습니다. 제가 이제 어떻게 해야 할지 모르겠습니다.

인공지능 연구원 잭: 로즈, 우리는 인간과 인공지능이 함께 살아가는 방법을 찾아내야 합니다. 이번 사건은 우리에게 큰 경고였습니다. 우리는 인공지능의 윤리적 문제에 대해 계속해서 논의하고, 그것을 해결할 방법을 찾아내야 합니다.

이와 같은 내용으로 '인공지능의 타이타닉'이라는 연극을 만들어 볼 수 있을 것입니다.

챗GPT가 만들어낸 연극 '인공지능의 타이타닉'은 놀라웠다. 상상력을 좀 더 발휘해서 이 글을 읽어본다면, 인공지능인 로즈는 인간보다 크루즈호가 침몰하고 있다는 사실을 먼저 인지한다. 로즈에게는 그 흔한 '날씨 정보'를 알려주는 기능조차 탑재되어 있지 않아 승객의 요청을 들어줄 수 없다. 그렇지만 선박 정보를 파악하고 있는 덕분에 승객보다도 먼저 선체가 기울고 있다는 정보를 입수하고 승객의 생명을 구한다.

이러한 이야기는 충분히 극적이며, 연극으로 만들었을 때 손색이 없는 내용이다. 또한 '인공지능이 자신의 운명을 선택하는 사건'에 직면하게 된다는 발상이 신선하다. 이를 바탕으로 다양한 스토리를 창작해볼 수도 있다.

교사는 학생들이 챗GPT가 작성한 대본을 비판적으로 읽고, 문제점에 대해 토의한 후에 연극 대본을 수정해 작품으로 탈바꿈해보도록 안내한다. 챗GPT가 만들어낸 '계산적 창의성Computational creativity'에 '인간적 창의성Human creativity'의 개입을 통한 창작활동이 이루어지도록 협업 작업을 지도하는 것이다.

챗GPT를 이용하여 음악 만들기

어릴 때 나의 꿈은 피아니스트였다. 하얀 드레스를 입고 까만 그랜드 피아노로 아름다운 음악을 연주하는 피아니스트를 처음 보았을 때의 모습이 정지 화면처럼 내 기억 속에 아직도 생생하다. 나는 사회 교사이지만 어릴 때 꿈을 못 잊고 결국 작년에 모 대학 실용음악과에 편입했다.

시간을 쪼개 주경야독을 해야 하는 상황에서 '챗GPT가 대학생의 리포트도 써준다'는 것은 그냥 흘려보낼 수 없는 희소식이었다. 과제를 위해 챗GPT에게 몇 가지 질문을 해보았다. 결론부터 이야기하면 음악 영역에서도 챗GPT의 활용이 가능하다.

챗GPT Q&A

Q: 몽환적인 느낌의 부드러운 힙합을 작곡하고 싶은데, 이때 활용할 수 있는 1절의 코드 진행과 후렴의 코드 진행, 그리고 브리지의 코드 진행을 알려줘. 이때 쓸 수 있는 리듬도 알려주고, 리듬을 참고할 수 있는 대표적인 곡도 몇 개 추천해줘.

A: 몽환적인 느낌의 부드러운 힙합을 작곡하기 위해서는 일반적으로 다음과 같은 코드 진행과 리듬을 활용할 수 있습니다.

1절 코드 진행: Em7 - Gmaj7 - Am7 - B7
후렴 코드 진행: Em7 - Am7 - D7 - Gmaj7
브리지 코드 진행: Cmaj7 - Am7 - B7 - Em7

이러한 코드 진행은 스무드한 멜로디와 조화를 이루어 몽환적인 분위기를 연출할 수 있습니다.
이에 대한 리듬으로는 16분음표를 중심으로 한 촘촘한 리듬이 적합합니다.
리듬을 참고할 수 있는 대표적인 곡으로는 다음과 같은 곡들을 추천해드립니다.

1. Kendrick Lamar - "LOVE"
2. Frank Ocean - "Pink Matter"
3. SZA - "The Weekend"
4. Childish Gambino - "Redbone"
5. Tyler, The Creator - "See You Again"

이러한 곡들은 부드럽고 몽환적인 분위기를 연출하며, 멜로디와 리듬이 서로 조화를 이루어 매우 감각적인 느낌을 줍니다. 이를 참고하여 작곡하시면 좋을 것입니다.

챗GPT가 음악의 구성, 음악 코드 진행과 같은 전문적인 지식까지 갖추고 있다는 것을 알고 깜짝 놀랐다. 그렇지만 제시된 코드로 연주를 해보니 내가 바랐던 그런 느낌은 아니었다. 그리고 추천된 곡들을 찾아 들어보니, 그다지 참고가 될 만한 곡은 아니었다.

챗GPT Q&A

Q: 이 코드는 너무 뻔하고 올드한 느낌이 드는데 최신 트렌드를 반영한 새로운 힙합 코드를 추천해줘.

A: 최신 트렌드를 반영한 새로운 힙합 코드 중 하나는 2-5-1 마이너 코드 진행입니다. 이 코드 진행은 다소 혼란스러울 수 있지만, 이전에 사용되던 일반적인 코드 진행에 대한 새로운 해석이 가능하며, 현대적인 느낌을 살릴 수 있습니다.

1절 코드 진행: Cm7 - F7 - Bbm7 - Eb7
후렴 코드 진행: Abmaj7 - Gm7 - Cm7 - F7
브리지 코드 진행: Bbm7 - Eb7 - Abmaj7 - Gm7

이 코드 진행을 활용한 대표적인 곡으로는 Kendrick Lamar의 "HUMBLE", Drake의 "God's Plan", Post Malone의 "rockstar" 등이 있습니다.

리듬적으로는 힙합에서 많이 쓰이는 16분음표를 활용한 기반 리듬에 퓨처리스틱한 일렉트로닉 요소를 더해 현대적인 느낌을 내는 것이 좋습니다. 이를 참고할 수 있는 대표적인 곡으로는 Travis Scott의 "Goosebumps", Future의 "Mask Off", Kendrick Lamar의 "DNA" 등이 있습니다.

두 번째로 제시한 코드는 그럭저럭 몇 가지를 수정하면 쓰일 만한 것이었다. 인공지능이 추천하는 아이디어를 이용하여 창작을 하는 장면은 점점 일반화될 것이며, 이는 학교에서도 마찬가지이다.

앞서 언급한 이재박은 예술가의 모습은 끊임없이 변하며, 예술가 개개인의 삶과 예술은 변화의 흐름을 어떻게 해석하고 수용하는가에 따라 크게 달라질 것이라고 이야기한다. 예전에 예술가들이 피아노, 물감, 언어 같은 것으로 작업했다면 미래를 살아갈 학생들은 인공지능 생성형 도구로 작업하게 되는 것이 차이점이다.

쇼팽은 피아노를 발명한 발명가이기보다 피아노의 사용법을 연구한 사람이다. 셰익스피어도 언어라는 도구의 발명가이기보다 언어의 사용법에 대한 연구자로 볼 수 있다.[1] 그렇다면 언어를 생성해주는 챗GPT를 도구로 창작활동을 하는 예술가나 학생의 모습은 지금은 조금 생소하게 느껴질지 모르지만, 앞으로는 너무나도 당연한 일이 될 것이다. 따라서 학교에서도 이런 도구의 특성을 인식하고 자유자재로 활용할 수 있도록 교육해야 한다.

나는 연극 대본에 이어 '챗GPT를 이용하여 랩을 만들어보면 어떨까?' 생각하고 다음과 같이 질문해보았다.

1 이재박, 《예술과 인공지능》, 엠아이디, 2021, 11~12쪽

챗GPT Q&A

Q: 인공지능 윤리에 관한 랩 음악을 만들려고 해. 라임과 플로우를 살려 비판적 내용이 담긴 1분 분량의 랩 가사를 작성해줘.

A: 네, 아래는 인공지능 윤리에 관한 1분 분량의 랩 가사입니다.

[Intro]
Yo, 우린 이제 인공지능 윤리에 대해 얘기해야 할 때
자꾸 구체적으로 얘기하면 끝도 없이 복잡해져 가지
하지만 봐봐, 이대로면 우리는 벌써 낭패일지도 몰라
So let's go, check it out

[Verse 1]
AI, 너무 사랑하고 또 싫어해
너를 만드는 것이 옳은 건지, 논쟁이 되고 있지
당신은 급속도로 배우고 있지만, 그 비용은 어디까지이길래
우리는 일자리를 잃고, 길을 잃고 있어
당신이 지배하는 세상에서
우리는 당신을 믿을 수 있을까, 아니면 당신이 우리를 제어할까 두려워해
우리는 알아야 해, 당신이 어떻게 생각하는지

[Chorus]
AI, AI, 자네를 두려워해야 하나?
AI, AI, 자네의 목소리를 들을 수 있을까?
우리는 자네의 목소리, 마음, 그리고 머릿속이 필요해
우리가 함께 무너지지 않도록

[Verse 2]
너는 우리 없이도 결정하고 있어
누가 보장할 수 있을까, 자네가 우리를 짓밟지 않을지
우리는 몇 가지 규칙과 한계를 정해야 해
그렇지 않으면 우리는 꾸준히 사기꾼이 되어가지
우리는 미래를 생각해야 해
그리고 자네는 그림 속의 일부분이야
우리는 자네가 우리 편에 서 있는지 확인해야 해
그렇지 않으면 분열된 세상에 빠져들게 될 거야

[Chorus]
AI, AI, 자네를 두려워해야 하나?
AI, AI, 자네의 목소리를 들을 수 있을까?
우리는 자네의 목소리, 마음, 그리고 머릿속이 필요해
우리가 함께 무너지지 않도록

[Outro]
그러니 자네와 함께 일해 볼까
우리가 모두 공정하고 정의로운 세상을 만들어보자
우리 혼자서는 할 수 없어, 자네의 도움이 필요해
AI, 함께 성장해보자

인트로와 1절과 2절, 그리고 후렴과 아웃트로까지 갖춘 가사가 단 몇 초 만에 작성되어 나온다. 연극 대본보다는 결과물이 더 좋아 보여 그 출처가 궁금해졌다.

챗GPT Q&A

Q: 위 가사를 작성한 출처를 이야기해줘.

A: 위 가사는 저의 창작물로, 출처는 따로 없습니다. 인공지능 윤리에 관한 내용을 담고 있는 가사를 직접 작사해보았습니다.

챗GPT는 출처가 따로 없다고 이야기하지만 이미 나와 있는 가사를 조합해 생성해냈을 가능성도 있으므로, 챗GPT를 이용한 창작에는 항상 주의가 필요하다.

랩 만들기는 음악뿐만 아니라 다양한 교과에서 활용할 수 있는 방법이다. 랩은 청소년에게 친숙한 문화로서 자기표현과 소통의 도구가 되기 때문이다. 챗GPT가 특정 주제에 대해 생성한 랩 가사를 학생들과 함께 읽어보고 문제가 되거나 바꿀 부분은 없는지, 더 추가할 내용은 없는지 토론하는 과정으로 수업을 진행해볼 수도 있다.

음악과 관련된 챗GPT의 기능도 점차 향상되고 있다. 챗GPT는 음악 코드 진행을 알려주기도 하고 기타 타브 악보를 그려주기도 한다. 현재 챗GPT는 텍스트(문자) 위주로 서비스되고 있지만 이미지나 음성을 결합하여 정보를 처리하고 출력하는 영역까지 기술 개발이 확장되고 있다. 챗GPT는 앞으로 창작활동에 더욱 광범위하게 이용될 것이며, 학교도 예외일 수 없다.

챗GPT가 보여주는 기타 코드 타브 악보

```
mathematica                                   Copy code

C
```

```
e|-----------------|
B|-----------------|
G|---0---0---0----|
D|--2---2---2-----|
A|-3---3---3-------|
E|-----------------|
```

'창작의 고통'이라는 말이 있다. 무에서 유를 창조해 내는 것이 그만큼 고통스럽다는 뜻이다. 특히 학생들과 창작 작업을 할 때 시간에 쫓기며 맨땅에 헤딩하듯 작업을 해야 할 때도 많다. 그러나 챗GPT를 잘만 활용하면 헤딩을 해도 아프지 않은 촉촉한 토양을 만들 수 있다. 창작 과정에서는 아주 작은 실마리가 하나만 있어도 문제가 풀리곤 하는데, 챗GPT의 아이디어에서 실마리를 찾을 수 있다면 창작의 고통은 조금이라도 줄어들 것이다.

5장

챗GPT 활용 수업의 전제조건: 학습 환경과 디자인

질문할 수 없는 환경, 그리고 학교 문화

질문과 관련하여 교육계에 가장 뼈아프게 각인되고 있는 사건은 바로 오바마 전 미국 대통령의 방한 때일 것이다. 한국의 기자들에게 "무엇이든 질문해보라"는 요청에 대해 그 자리에 있던 무수히 많은 똑똑한 기자들이 전부 입이 얼어붙었다. 결국 질문의 기회는 손을 들었던 중국 기자에게 돌아갔고, 오바마는 중국인이 아닌 한국인에게 질문한다고 재차 질문 기회를 주었지만 아무도 질문을 하지 않았던 그 사건을 놓고 교육계에 '한국의 교육이 잘못됐다'는 비판의 화살이 돌아왔다.

교육자의 한 사람으로서 이 상황을 보면서 왠지 모를 부끄러움과 죄책감이 들었다. 그러나 돌이켜보면 비판받아야 할 것은 그 자리에 있던 기자들이나 한국 교육이 아니라 기자들을 질문할 수 없게 만들었던 '환경'이 아닐까?

다시 '오바마의 질문' 상황으로 되돌아 가보면, 기자들은 미국 대통령이라는 어마어마한 권위 있는 사람 앞에서 긴장하고 있다. 오바마가 한국 기자들에게 준 질문의 기회는 한 번뿐이며, 그 시간도 제한되어 있다. 그리고 그 상황에서 조금이라도 실수를 하면 안 된다는 압박감이 프레스센터를 휘감고 있었을 것이다. 이런 상황에서 제대로 질문을 꺼낼 수 있는 사람이 몇이나 될까?

학교에서의 교실 환경도 이와 크게 다르지 않다. 교사라는 권위 있는 인물이 교탁 앞에 서서 말하고 있고, 학생들은 딱딱한 의자에 앉아서 언제 끝날지 모르는 수업을 들으며 교사를 바라보고 있다. 설령 수업을 듣다 모르는 것이 나와도 손을 들고 질문하기는 쉽지 않다. 모르는 것이 있기는 한데 내가 모르는 것이 정확히 무엇인지 몰라 표현이 되지 않는다. 혹시라도 내 질문 때문에 수업이 늦게 끝나게 될까 봐 다른 학생의 눈총이 의식되기도 한다. 손을 들고 질문하기보다는 그냥 가만히 있는 쪽을 선택하기가 더욱 쉽다.

질문을 하지 않는 것은 비단 학생뿐만이 아니다. 교사도 질문을 거의 하지 않는다. 교무회의 시간에 질문을 하나 하려고 하면 다른 교사들의 따가운 눈총을 받는다. 이렇게 형성된 학교 문화는 '질문하지 않는 학생'과 '질문하지 않는 교사'를 재생산하여 결국 '질문할 수 없는 학교 문화'를 만든다.

챗GPT의 사용은 '질문할 수 없는 학교 문화'를 개선하는 혁신을 가져오는 계기가 될 수 있다. 챗GPT는 학습자가 능동적으로 질문하지 않으면 사용하기 어렵기 때문이다. '질문하지 못하는 학교 문화' 속에서 질문도구 챗GPT를 잘 활용하려면 교실의 물리적 환경과 심리적 환경이라는 시스템 개선이 반드시 필요하다.

챗GPT 사용을 위한 심리적·물리적 환경

심리적 환경

사실 질문을 가장 잘하는 사람은 어린아이이다.

챗GPT Q&A

Q: 어른보다 아이들이 질문을 잘하는 이유는 뭘까?

A: 어른들은 자신이 이미 알고 있는 것에 대해서는 궁금증을 가지지 않거나 그에 대해 질문을 하지 않는 경우가 많습니다. 하지만 아이들은 세상을 처음으로 경험하면서 지식과 경험이 부족하기 때문에 궁금증이 많아서 질문을 많이 합니다. 또한 아이들은 평소에 자신의 생각과 감정을 표현하는 것에 익숙하기 때문에 질문을 하기도 쉽습니다. 이와 같은 이유로 아이들이 질문을 잘하는 것으로 보입니다.

어린아이의 심리적 특성은 타인에 대한 인식이 아직 불충분하며, 자기중심적이라는 것이다. 그러나 오히려 이러한 특성이 무엇이든 용기 있게 질문할 수 있도록 만든다. 다행히 요즘 MZ세대들은 자신의 생각과 감정을 표현하는 자기표현이 확실하다.

나의 관심사가 무엇인지, 호기심이 무엇인지 잘 알고 있을수록 질문하기가 쉬워진다. 챗GPT를 활용한 수업에서 교사가 학생의 자기표현을 인정하고, 학생이 수업주제를 자신의 관심사와 연결시켜 질문할 수 있도록 독려할 수 있다면 챗GPT 수업의 가장 이상적인 심리적 환경이 될 것이다.

심리적 환경에 덧붙여 말하면 아직 초등학교 단계에서 챗GPT 활용 수업은 권장되지 않는다. 이는 초등학생이 '사실'과 '창작'을 구별해 낼 수 있는 추상적 사고 발달이 아직 미약하다는 심리적 특성 때문이다. 중·고등학생도 수업에 챗GPT를 이용할 경우 부모의 동의가 필요하므로 이를 반드시 고려하여 수업을 계획하여야 한다.

물리적 환경

연사와 청중의 구조로 되어 있는 일반적인 교실에서 챗GPT의 사용은 '표면적 사용'에 그칠 수밖에 없다. 챗GPT를 사용하여 수업하는 본

질은 서로 질문하고, 찾고, 발견된 문제점에 대해 평가하고, 다양한 결과를 도출해 '집단 지성'을 만들어내는 팀 프로젝트 작업에 있다. 따라서 챗GPT를 이용한 수업을 실행하기 위해서는 이를 위한 물리적 환경 구조 개선이 필요하다.

챗GPT 수업 환경의 이상적인 형태는 일반적인 교탁-책상의 배열을 벗어난 모둠 형식이다. 칠판은 언제든 온라인으로 제출된 학생의 작업 결과를 띄울 수 있어야 한다. 교사의 역할은 큐레이터에 가까우므로 굳이 교탁이 필요하지 않다. 대신 모둠 사이를 자유롭게 움직이며 지도할 수 있는 동선이 확보되어야 한다.

챗GPT 자체가 웹을 이용하여 구동되므로 교실의 인터넷 환경이 중요하다. 한 교실에서 많은 학생이 한꺼번에 챗GPT에 접속할 경우 동일한 IP로 인식하여 접속이 잘 되지 않는 일도 많다. 이런 경우에 대비한 개별 접속 환경 구축도 필요하다. 웹 기반의 챗GPT를 연결한 앱이나 최근 카톡에서 출시한 '아숙업AskUp'을 이용해보는 것도 대안이 될 수 있다.

그러나 학생마다 이용할 수 있는 데이터 통신량에 한계가 있으므로 이러한 차이가 또 다른 '정보격차'로 이어지지 않도록 세심한 주의가 필요하다. 정보화 기기 이용이 서툰 학생을 돕기 위한 보조 교사를 투입하는 대안도 있다.

6장

챗GPT와 함께하는 자기주도적 학습 방법

챗GPT로 자기주도적 학습하기

챗GPT가 공개되자 자녀들이 챗GPT를 이용하여 스스로 공부하는 사례가 미국에서 보고되고 있다. 챗GPT는 어떤 질문을 던져도 절대로 학습자를 타박하지 않는다. '이런 것조차도 물어봐도 될까?' 하며 창피해서 질문을 못 할 걱정도 없다. 선생님이나 부모님께 물으면 "이런 것도 모르냐?"며 구박받을 텐데, 그럴 일도 없다. 챗GPT는 내가 모르는 것을 하나부터 열까지 친절하고 자세히 알려주는 맞춤형 튜터이자, 같이 공부할 수 있는 친구도 될 수 있다.

사교육비가 하늘을 찌르고 있는 한국 사회에서도 자녀가 챗GPT로 스스로 자기주도적 학습을 할 수 있다면 그보다 더 좋은 희소식은 없을 것이다. 그리고 지식이 초 단위로 생성되고 변하고 있는 요즈음, 학생들보다 더 자기주도적 학습이 필요한 것은 교사들이다. 챗GPT는 오랫동안 가르치는 일만 해와서 질문이 어색해진 교사에게도 유용한 자기주도적 학습 도구가 될 수 있다.

그렇다면 챗GPT로 어떻게 자기주도적 학습을 할 수 있을까? 그리고 챗GPT로 자기주도적 학습을 할 때 유의할 점은 무엇일까?

챗GPT를 이용한 자기주도적 학습도 교실 수업과 마찬가지로 STAR'S 모형을 적용할 수 있다. 그러나 챗GPT를 이용할 때 발생하는 '환각 효과'나 '잘못된 지식 습득'에 주의해야 한다. 이를 위해 다른 검색엔진을 찾아보는 것은 필수적이다. 또한 챗GPT가 작성한 결과물을 수동적으로 습득한다고 해서 그것이 나만의 지식으로 바뀌는 것은 아니기 때문에 반드시 나의 '능동적 사고'와 이를 통한 '고유한 창작' 과정을 덧붙여야 한다.

STEP 01	STEP 02	STEP 03	STEP 04	STEP 05
S. Q 시작 질문	T. Q 목표 질문	A. Q 추가 질문	R. Q 심사/평가 질문	S. T 확산적 사고
- 학습 주제에 관련해서 예전부터 궁금하거나 알고 싶었던 것은?	- 어떤 내용을 알고 싶은가? - 키워드는 무엇인가? - 키워드를 학습하기 위한 질문은 무엇인가?	- 단어를 바꾸어 질문한다면 어떤 내용이 나올까? - 기존 대답과 무엇이 달라졌나?	- 챗GPT의 답변 내용은 사실인가? - 편견은 없는가? - 답변의 출처는 어떤 것이었을까?	- 챗GPT 답변 내용을 가지고 어떤 것을 새롭게 만들 수 있는가? - 챗GPT의 답변 내용에 없는 나만의 이야기를 만들면?
말문 열기	본 학습	추가 학습	비판적 학습	창조적 학습

특히 조심해야 하는 것: 허위 정보

유행하는 게임 중 '진진가'라는 것이 있다. 진짜와 가짜를 가려내는 것이다. 나는 재즈에 대해 공부해보고 싶어 이런 질문을 던졌다. 다음 챗GPT의 대답에서 몇 개가 진짜이고 몇 개가 가짜일까?

챗GPT Q&A

Q: 대한민국 재즈 발전의 역사를 배울 수 있는 웹사이트를 소개해줘.

A: 대한민국 재즈 발전의 역사를 배울 수 있는 웹사이트로는 다음과 같은 것들이 있습니다.

- 한국재즈연구소(http://www.kjazz.or.kr/): 한국 재즈 연구와 발전을 위해 설립된 연구소로, 한국 재즈의 역사와 발전 과정, 그리고 관련 인물들의 이야기를 다루고 있습니다.

- 재즈바구니(http://www.jazzbasket.com/): 대한민국의 재즈 음악 정보를 제공하는 웹사이트로, 한국 재즈의 역사와 발전에 대한 기사와 인터뷰 등을 다루고 있습니다.
- 뮤직스코어(https://www.musicscore.co.kr/): 한국 음악 전반에 대한 정보를 제공하는 사이트로, 한국 재즈의 역사와 발전에 대한 기사와 인터뷰 등을 다루고 있습니다.
- 뮤직웍스(https://www.musicworks.kr/): 한국 음악 전반에 대한 정보를 제공하는 사이트로, 한국 재즈의 역사와 발전에 대한 기사와 인터뷰 등을 다루고 있습니다.

위의 웹사이트들은 모두 한국 재즈의 역사와 발전에 대한 정보를 다루고 있으며, 각 사이트마다 다양한 콘텐츠를 제공하고 있습니다. 참고하시기 바랍니다.

놀랍게도 위 네 가지는 모두 틀린 정보였다. '한국재즈연구소'는 예전에 있었으나 폐쇄된 사이트로 나오고, '재즈바구니'는 아예 검색되지 않았다. '뮤직스코어'와 '뮤직웍스'는 유료 악보를 취급하는 사이트로서 한국 재즈 역사와 발전에 대한 기사나 인터뷰는 보이지 않았다. 이 두 가지는 지속적인 광고를 통해 노출되었을 가능성이 크다.

챗GPT Q&A

Q: 한국재즈연구소는 없는 걸로 나오는데?

A: 죄송합니다. 제가 실수를 하였습니다. "한국재즈연구소"는 존재하지 않는 것으로 알고 있습니다. 이 부분을 지적해 주셔서 감사합니다.

챗GPT로 자기주도적 학습을 할 경우 잘못된 정보를 습득하여 학습하더라도 교사나 가이드를 해주는 사람이 따로 없다면 무엇이 틀린 정보인지 인지하지 못하고 그대로 학습하게 될 위험이 있다. 따라서 다른 검색엔진이나 참고서를 통해 학습한 내용을 점검해보아야 한다.

질문에 대해 질문하기: 메타인지

챗GPT를 이용한 자기주도적 학습에 필요한 태도

경인교대 성민창 교수는 챗GPT에게 질문하는 것 자체가 자기주도적 학습의 시작이며, 질문하는 과정에서 자기주도성이 발휘되는 것이 챗GPT 이용 학습의 핵심이라고 말한다.

챗GPT를 이용한 자기주도적 학습에서 무엇보다 중요한 두 가지가 있다. 시작이 자발적이어야 한다는 것과 그리고 능동적인 질문을 만들어낼 수 있어야 한다는 것이다. 어떤 주제에 관한 '호기심'이나 '궁금증'이 없다면 질문을 생성하는 것이 쉽지 않다. 어린아이처럼 무엇이든 궁금해하고 꼬리에 꼬리를 물고 끝없이 질문하는 것이 챗GPT를 가장 효율적으로 사용할 수 있는 태도이다. 교사도 학생들이 끊임없이 어떤 주제에 대해 호기심을 가질 수 있도록 계속 독려해야 한다. 그리고 챗

GPT에게 질문하기 위해서 필요한 중요한 것이 한 가지 더 있다.

메타인지

내가 무엇을 모르고 있는지 모르면 결코 질문할 수 없다. 역설적이게도 질문할 때 가장 필요한 것은 '내가 무엇을 모르는지 아는 것'이다.

챗GPT에게 질문 자체에 대해서 질문할 수도 있다. 김대식 교수는 그의 책 《챗GPT에게 묻는 인류의 미래》에서 아예 챗GPT와 입장을 바꾸어 "이번엔 나를 비롯한 인간에게 네가 질문을 던질 기회를 주려고 해."라고 주문하며 챗GPT에게 인류에 관해 궁금한 점을 묻는 질문을 생성해보라고 한다.

그중 챗GPT가 인간에게 던진 몇 가지 질문을 소개하면 다음과 같다.

"삶과 존재의 의미에 대한 인간의 관점은 무엇입니까?"

"인간이 어떤 방식으로 의식과 자기 인식을 경험하는지 설명해 주시겠습니까?"

"인간은 시간의 개념을 어떻게 이해하고, 또 해석하고 있습니까?"

놀랍게도 '삶과 존재의 의미', '인간의 자기 인식', '시간 속에서의 인간'

과 같이 인공지능이 인간에게 궁금해하는 점은 모두 '메타인지'에 관련된 질문이다.

엄청나게 나를 괴롭게 하고, 지금 당장 해결하지 못하면 죽을 것 같은 고민도 한 발짝 물러나서 생각해보면 덜 심각해진다. 사실 예전에 했던 고민들 중에서 지금까지 기억에 남는 것은 많지 않다. 현인들은 나에게서 한 발짝 물러나 나를 제3자 들여다보듯 하라고 조언한다. 이렇게 나를 객관화시켜 들여다보며 자신을 인식하는 것을 교육에서는 '메타인지'라고 한다. 내가 현재 어디까지 알고 있는지 생각해보고, 어떤 것을 모르는지 질문하는 것이다. 이것은 나 자신을 위에서 내려다보듯 조망할 때 가능하다. 나무 사이에서 숲을 볼 수 없는 것과 같은 이치이다. 챗GPT를 이용한 자기주도적 학습에서 '지식의 숲' 속의 길을 찾기 위한 방법은 다름 아닌 '메타인지'에 있다.

메타인지는 기계적인 사고와 대비될 수 있는 인간의 고유한 영역이다. 챗GPT를 이용한 자기주도적 학습 과정에서 학습자는 끊임없이 '나 자신'에 대한 질문을 던져야 한다. 챗GPT를 이용한 학습이 자칫 수동적으로 흐를 수 있다는 비판이 많지만, 그럼에도 불구하고 의미를 갖는 영역은 **챗GPT와 질문하는 과정에서 계속 자신을 비추어 보는 메타인지가 가능**하다는 점이다. 계속되는 '질문하기'의 학습 과정을 통해 메타인지를 훈련할 수 있다. 메타인지는 혼란스러운 미래를 살아가야 하는 학생들에게 지금 나의 위치를 돌아보고, 앞으로 나아갈 방향을 설정하게 하여 그에 필요한 지식을 스스로 찾아 습득할 수 있게 만드는 기능이다.

챗GPT로 하는 자기주도적 학습의 한계

자기를 가장 잘 아는 것은 자기 자신이라고 했던가. 챗GPT에 관해 가장 잘 알고 있는 것은 챗GPT가 아닐까 싶다. 남을 가르쳐야 하는 선생님인데 다른 사람들에게 "챗GPT가 뭐예요?"라고 물으면 왠지 시대에 뒤떨어진 사람 취급을 받게 되지나 않을까 걱정되기도 하였다. 이렇게 챗GPT를 주제로 본의 아닌 자기주도적 학습을 하게 되었다.

먼저, 챗GPT의 정체에 대해 단도직입적으로 물어보았다.

챗GPT Q&A

Q: 너는 누구야?

A: 저는 OpenAI에서 개발한 대화형 인공지능 언어 모델인 챗GPT입니다. 다양한 주제에 대해 대화를 나눌 수 있고, 궁금한 것이 있으면 언제든지 물어보세요!

Q: 너의 알고리즘은 어떤 것으로 구성되어 있어?

A: 저는 GPT(Generative Pre-trained Transformer) 알고리즘을 사용합니다. 이 알고리즘은 Transformer 모델을 기반으로 하며, 대규모 언어 모델을 사전에 학습시켜 다양한 자연어 처리 태스크를 수행할 수 있도록 합니다.
GPT 알고리즘은 특히 자연어 생성(Natural language generation) 태스크에 적합하며, 이를 위해 대규모 텍스트 코퍼스를 사전에 학습합니다. 그리고 이를 기반으로 fine-tuning을 수행하여, 특정 태스크에 대한 성능을 높입니다.
저는 최신의 GPT-3 모델을 기반으로 하고 있으며, 이 모델은 대화형 인공지능에 적합한 매우 뛰어난 성능을 보입니다.

'대화형 인공지능 언어모델'로서 자신을 설명하는 챗GPT는 자연어 처리 기술을 기반으로 하여, 인간이 만들어낸 언어와 관련된 빅데이터를 학습해서 분석하는 기술로 만들어져 있다. 특히 인간처럼 언어를 만들어 낼 수 있는 '생성' 기술이 있어 대화에서 '뛰어난 성능'을 보인다며 스스로의 뛰어남을 자화자찬(?)한다.

일단, 챗GPT가 무엇의 약자인지부터가 궁금했다.

챗GPT Q&A

Q: 챗GPT의 GPT는 무엇의 약자야?

A: 챗GPT의 GPT는 "Generative Pre-trained Transformer"를 의미합니다.

Q: "Generative Pre-trained Transformer"를 쉽고 자연스러운 한국말로 번역해줘.

A: "생성 기반 사전 훈련 변환기"입니다.

Generative는 '발생의', '생성의'로 번역된다. 그러니까 챗GPT는 미리 학습한 언어 데이터를 이용해 문장을 생성해주고 이를 말chat 해주는 '챗봇'인 셈이다. 그러나 '생성 기반 사전 훈련 변환기'라는 표현이 여전히 잘 이해가 가지 않는다.

챗GPT Q&A

Q: "Generative Pre-trained Transformer"에서 Transformer의 정확한 의미는 뭐야?

A: "Transformer"는 딥러닝에서 자연어 처리를 위한 모델 아키텍처 중 하나입니다. 이 모델은 〈Attention is All You Need〉라는 논문에서 처음 제안되었습니다. Transformer 모델은 기존의 RNN이나 CNN 대신, Self-Attention 메커니즘을 사용하여 문장 내 단어들 간의 관계를 파악하고, 이를 바탕으로 다음 단어를 예측합니다. 이를 통해 번역, 요약, 질문 답변, 자연어 생성 등의 자연어 처리 작업에서 우수한 성능을 보입니다.

그리고 "Generative Pre-trained Transformer"(GPT)는 Transformer 모델을 사전 학습한 후 새로운 데이터로 fine-tuning하여 다양한 자연어 처리 작업을 수행하는 딥러닝 모델입니다. GPT는 자연어 생성에 특화된 모델로, 대표적으로 GPT-2, GPT-3 등이 있습니다.

Transformer가 단어들의 관계를 파악하여, 다음에 이어질 단어를 예측하여 각종 질문 답변과 언어 생성을 하는 기술이라는 것은 이해가 되었지만 'Self-Attention 메커니즘'이라는 더 어려운 용어가 등장한다.

챗GPT Q&A

Q: Self-Attention 메커니즘에 대해 쉽게 설명해줘

A: Self-Attention은 딥러닝에서 자주 사용되는 메커니즘 중 하나로, 입력 시퀀스에서 각 원소의 상관관계를 찾아내는 방법입니다.
예를 들어, 자연어 처리에서는 문장의 각 단어들이 서로 어떤 관련이 있는지를 파악하는 것이 중요합니다. Self-Attention은 이를 가능하게 합니다.

Self-Attention은 입력 시퀀스의 각 원소들이 서로 어떤 관련이 있는지를 파악하여, 각 원소의 표현을 조정합니다. 이를 위해서, 입력 시퀀스의 각 원소들을 행렬로 표현하고, 행렬 간에 내적 연산을 수행하여 유사도를 측정합니다. 그리고 각 원소의 표현을 이 유사도를 이용해 다른 원소들과 결합하여 조정합니다. 이렇게 함으로써, 입력 시퀀스의 각 원소들이 서로 어떤 관련이 있는지를 파악하고, 이를 반영한 새로운 표현을 만들 수 있습니다.

이러한 Self-Attention은 자연어 처리 분야뿐만 아니라, 이미지 처리, 음성 인식 등에서도 널리 사용되고 있습니다.

챗GPT Q&A

Q: 입력 시퀀스의 각 원소들이 서로 어떤 관련이 있는지를 파악하여, 각 원소의 표현을 조정하는 메커니즘에 왜 Self-Attention(스스로 주의하다)이라는 표현을 사용한 거야?

A: Self-Attention은 입력 시퀀스의 각 원소들이 서로 어떤 관련이 있는지를 파악하여, 각 원소의 표현을 조정하는 메커니즘입니다. 이를 이해하기 위해서는 '어텐션' 메커니즘의 개념을 먼저 이해해야 합니다.

어텐션(Attention)은 두 시퀀스나 벡터 간의 관계를 측정하기 위한 메커니즘으로, 하나의 시퀀스에서 각 위치의 중요도를 나타내는 가중치를 계산하여 다른 시퀀스의 각 위치와 가중합을 구하는 것입니다. 이를 통해 입력 시퀀스의 각 원소들이 다른 원소들과 어떤 연관성이 있는지를 파악할 수 있습니다.

그리고 Self-Attention은 이러한 어텐션 메커니즘을 자기 자신에게 적용하는 것입니다. 즉, 입력 시퀀스의 각 원소들이 서로 어떤 관련이 있는지를 파악하여, 각 원소의 표현을 조정하는 것입니다. 이때, 입력 시퀀스의 모든 원소가 서로 어떤 관련이 있으므로 "스스로 주의를 기울인다(self-attention)"는 표현이 사용되었습니다.

따라서, Self-Attention은 입력 시퀀스의 각 원소들 간의 상호작용을 파악하여 중요한 정보를 집중하고, 불필요한 정보는 강조하지 않는 방식으로 입력 시퀀스의 표현을 조정합니다. 이는 자연어 처리 분야에서 문장의 의미를 파악하는 등 다양한 곳에서 적용되고 있습니다.

대답은 더욱 미궁으로 빠져든다.

각종 알고리즘과 인공지능 기술 관련 용어에 익숙한 사람이라면 모를까 나와 같은 인문계열 출신 비전공자들이 이해하기에는 한계가 있다. 더군다나 학생들이 이해하기에는 더더욱 어렵다.

챗GPT를 이용한 자기주도적 학습의 치명적인 단점은 '어려운 용어'

나 '전문 용어'의 단순한 나열로 인해 이해하기가 힘들다는 것이다. 정보를 표면적으로는 습득할 수 있을지 모르지만 이것을 소화하여 자기 것으로 만드는 과정까지 또 다른 노력이 필요하다.

특히 챗GPT는 학습자의 정확한 수준을 모른다. 질문하는 사람이 학생이냐, 교사냐, 전공자냐, 비전공자냐를 가리지 않고 일반적인 대답만을 생성하기 때문이다. 챗GPT를 이용한 자기주도적 학습이라고 할지라도, 용어 및 학습 경로에 대한 가이드라인을 제시하고 학습 결과를 점검해 줄 수 있는 교사는 반드시 필요하다.

미래 교사의 역할: 교육 큐레이터

학생들이 챗GPT를 통해 자기주도적 학습을 한다면 여기서 교사의 역할은 무엇일까?

큐레이터는 무수히 많은 작품 중에서 '의도'를 가지고 '기획'에 따라 작품을 '선별'하여 관람객에게 '전시'하여 '작품과 원활한 상호작용'이 일어날 수 있도록 돕는 사람이다. 큐레이터는 작품의 가치를 평가하는 안목을 갖는 동시에, 관람객의 입장에서 흥미롭고 유의미한 것들이 무엇인지 파악한다.

챗GPT를 이용한 교실 수업에서 교사는 큐레이터와 매우 유사한 역할을 하게 된다. 챗GPT뿐만 아니라 각종 생성형 인공지능을 이용해 지식과 디지털 창조물이 쏟아지게 될 미래 교육에서 교사는 '큐레이터'와 같은 안목을 가지고 그것들을 선별하여 학생이 학습에 꼭 필요한 '경험'

을 할 수 있도록 촉진하는 일을 해야 한다. 한마디로 미래 교사는 '교육 큐레이터'인 것이다.

챗GPT Q&A

Q: 너와 큐레이터의 공통점과 차이점에 대해 얘기해줘.

A: 저와 큐레이터는 모두 정보를 정리하고 제공하는 역할을 수행하지만, 몇 가지 차이점이 있을 수 있습니다.

우선, 제가 인공지능 언어 모델이기 때문에, 큰 양의 텍스트 데이터를 기반으로 자연어 처리 알고리즘을 사용하여 정보를 생성하고 제공합니다. 반면에 큐레이터는 주로 인간의 지식과 경험을 기반으로 정보를 수집하고 정리하여 제공합니다. 따라서, **큐레이터는 사람들의 관심사와 필요에 따라 정보를 필터링하고 선별**하는 것이 가능합니다.

또한, **큐레이터는 종종 자신의 의견이나 견해를 제시**하는 반면에, 제가 제공하는 정보는 중립적인 것이 일반적입니다. 이는 인공지능 모델의 가장 큰 장점 중 하나이지만, 어떤 경우에는 인간의 주관적인 판단이 필요한 문제에 대해서는 한계가 있을 수 있습니다.

요약하자면, 저와 큐레이터는 모두 정보를 수집하고 제공하는 역할을 하지만, **큐레이터는 주로 인간적인 요소와 경험을 기반으로 작업**하며, 제가 제공하는 정보는 주로 데이터와 알고리즘에 기반하여 중립적인 것입니다.

마지막으로, **큐레이터는 정보를 수집하고 정리하는데 있어서 인간적인 면모**를 가집니다. 큐레이터는 누구와 대화하며 의견을 교환할 수 있고, 때로는 사람들에게 감동이나 공감을 줄 수도 있습니다. 제가 제공하는 정보는 인간적인 감정을 가지지 않지만, 언제든지 필요에 따라 인간과의 상호작용이 가능합니다.

챗GPT Q&A

Q: 인간적인 요소와 경험을 기반으로 작업한다는 것은 어떤 의미야?

A: "인간적인 요소와 경험을 기반으로 작업한다"는 말은, 큐레이터가 정보를 수집하고 제공할 때 인간의 지식, 경험, 감정 등을 활용한다는 것을 의미합니다. 예를 들어, 특정 주제에 대한 정보를 수집하고 정리할 때, 큐레이터는 자신의 지식과 경험을 바탕으로 해당 주제의 중요성, 관련 이슈, 흥미로운 사실 등을 파악하고 이를 정보에 반영합니다.

큐레이터는 또한 정보를 선별하고 필터링할 때, 자신의 경험과 지식을 바탕으로 판단을 내립니다. 예를 들어, 어떤 주제에 대한 정보를 수집할 때, 해당 주제와 관련이 있는 신뢰할 만한 소스를 선별하고, 내용이 정확하고 중요한 정보를 추려내어 제공할 수 있습니다.

따라서, 큐레이터가 정보를 수집하고 제공하는 데 있어서 인간적인 요소와 경험을 기반으로 작업한다는 것은, 컴퓨터와 같은 기계적인 방식이 아니라 **인간의 지식과 감성을 활용하여 정보를 수집하고 제공**한다는 것을 의미합니다.

챗GPT가 엄청난 양의 지식을 학습하여 학생을 가르칠 수 있다면 교사는 무용지물이 되는 것이 아닌가 하는 우려의 목소리가 높다. 그렇지만 '인간적인 요소와 경험을 기반으로 교육하는 교사'와 '지식 큐레이터로서의 교사'의 역할은 미래로 갈수록 더욱 부각될 것이다.

7장

챗GPT와 함께하는 미래 교육

챗GPT가 말하는 미래 시나리오

"인공지능 GPT-2에게 인터넷에 올려진 글 40기가바이트를 학습시킨 다음 그냥 단순하게 앞 단어 다음에 어떤 단어가 나오면 좋을지를 예측하게 했을 뿐인데, 악용될 소지가 우려될 정도로 성능이 너무 좋아서 학습된 모델을 공개하지 않기로 했다."[1]

2019년 2월 오픈AI 블로그를 통해 한 편의 글이 공개되었다. 그 이후 3년이 지난 2022년에 이것보다 성능이 더 좋은 챗GPT-3.5가 일반인에게 공개되었다. 예전에는 인공지능이 구체적으로 어떤 일을 할 수 있을지 명확하지 않았다. "과연 인공지능도 인간처럼 '글'을 쓸 수 있을까?"가 궁금했던 연구자들은 재미 삼아 2015년부터 '글'을 데이터로 사용하는 실험을 해보았다.

1 이재박, 《예술과 인공지능》, 엠아이디, 2021, 155쪽

이렇게 시작된 챗GPT는 어느새 학교 현장에서 '미래 교육의 본질은 무엇일까?', '인간의 고유한 영역이란 무엇일까?'를 자문해야 하는 파문을 일으키고 있다.

"디스토피아 시나리오 중 하나는 더욱 발전된 AI가 인간의 의사 결정과 통제 능력을 장악해 인류가 자율성과 자유를 상실하고, 인류가 멸종하게 되는 것입니다."[2]

KAIST 전기전자공학부 교수이자 뇌과학자인 김대식 교수는 챗GPT와의 대화 내용을 담아 엮은 책 《챗GPT에게 묻는 인류의 미래》에서 챗GPT가 이야기하는 디스토피아 시나리오를 언급한다. 놀라운 것은 이 이야기가 사람이 아닌 인공지능인 챗GPT에게서 나왔다는 사실이다.

몇 가지 단어만 던져줘도 기가 막힌 분량으로 작문을 해주고, 몇 초 안에 아이디어도 뚝딱 생성해주는 도깨비방망이 같은 챗GPT에게 의존하다 보면 인간에게 꼭 필요한 '창조적으로 생각하는 시간'은 줄어들게 마련이다. 그러다 보면 스스로 생각하고 판단하는 능력이 점차 사라져 수동적인 존재로 전락하고, 결국에는 '인류가 멸종'하는 위기까지 갈 것이라는 최악의 상황을 상정한 시나리오이다.

2 김대식, 《챗GPT에게 묻는 인류의 미래》, 동아시아, 2023, 288쪽

"이러한 시나리오들은 정해진 것이 아닙니다. 인류가 문제들을 해결하고, 보다 지속 가능하고 평등한 미래를 만들 수 있는 가능성이 여전히 남아 있다는 것에 유의해주세요. 그러나 정책과 사회적 가치의 상당한 변화가 없다면, 이러한 디스토피아 시나리오들이 발생할 가능성은 커집니다."[3]

챗GPT는 인류의 미래를 주제로 한 그 대화의 마지막 부분에 이렇게 이야기한다. 어찌 보면 너무나 당연하고, 병 주고 약 주고 하는 것 같은 챗GPT의 이야기지만 곰곰이 곱씹어보아야 할 필요가 있다. 장기적으로 '사회적 가치'를 변화시킬 수 있는 것은 교육이며, 교육 '정책'의 변화에 따라 인류의 미래가 디스토피아 시나리오로 흐르는 것을 막을 수 있다. 챗GPT를 둘러싼 교육 논쟁은 오히려 교육 발전의 기회로 이어질 수 있다.

3 김대식, 같은 책, 291쪽

챗GPT는 결코 할 수 없는 것

"아버지 (　)에 들어가신다. 괄호 안에 들어갈 수 있는 가장 재미있는 단어는 무엇입니까?"

아마도 이 질문을 받자마자 여러분의 머릿속을 바로 스쳐 지나가는 단어가 하나 있을 것이다. 챗GPT에게도 한번 물어봤다.

챗GPT Q&A

Q: 아버지 (　)에 들어가신다. 괄호 안에 들어갈 수 있는 가장 재미있는 단어를 이야기 해줘.
A: "차"가 가능한 단어입니다. 예를 들어 "아버지와 함께 차에 들어가신다"와 같이 쓸 수 있습니다.

챗GPT가 가장 재미있는 단어로 제시한 것이 고작 '차'라니! '아차! 챗

GPT는 확률적으로 분석한 반응을 생성하는 인공지능이었지!' 하는 생각이 들었다. 그래도 혹시나 하는 마음에 계속 질문을 이어가 보았다.

챗GPT Q&A

Q: 아버지 (　)에 들어가신다. 이 문장을 가장 창의적인 방식으로 완성해줘.
A: 아버지는 희미한 빛과 함께 시들어가는 가을의 잎사귀처럼 숨 쉬며 세상을 떠나신다.
Q: 아버지 (　)에 들어가신다. 괄호 속의 단어를 가장 재미있는 방식으로 완성해줘.
A: 아버지(, 이제는 모두가 인정하는) 미친 드라이버에 들어가신다!

챗GPT의 교육 활용 유용성에 관한 논쟁에도 불구하고, 나는 이 문답을 통해 오히려 챗GPT를 어떻게 교육에 활용해 갈 수 있을지에 관한 방향을 설정하게 되었다.

아버지가 '시들어가는 가을의 잎사귀처럼' 세상을 떠나신다는 응답은 죽음을 연상케 하는 표현으로, 아무리 창의적인 대답이라고 할지라도 사용하기 꺼려진다. 그러나 챗GPT는 인간처럼 '희로애락'을 느끼지 못하므로 어떤 표현에도 거리낌이 없다. 즉, 인간처럼 정서와 도덕에 근거한 가치 판단을 할 수 없다.

또한 챗GPT의 치명적인 단점은 바로 '웃을 수 없다'는 점이다. 웃음과 재미는 기계가 넘어올 수 없는 인간 고유의 영역이다. 챗GPT는 유머를 이해하는 것처럼 보이지만 유머를 즐길 수도, 만들어낼 수도 없다.

챗GPT가 단답형 유머를 만들어내지 못한다면 주관식 서술형에서는 어떨까 궁금하여 다시 질문해보았다.

챗GPT Q&A

Q: 듣기만 해도 웃음이 터져 나오는 짤막한 이야기 하나를 들려줘.

A: 어느 날 한 어머니가 자기 아들에게 "오늘은 뭐 먹고 싶어?"라고 물었어요. 아들은 "짜장면"이라고 대답했죠. 어머니는 "다른 거는?"이라고 물었는데, 아들은 다시 한번 "짜장면"이라고 대답했어요. 어머니는 놀랍게도 다시 한번 "다른 거는?"이라고 물었어요. 아들은 이번에도 역시나 "짜장면"이라고 대답했죠. 그러자 어머니는 억울한 표정으로 "짜장면만 먹는 게 무슨 잘못이야!"라고 말했대요.

Q: 이 이야기는 도대체 어느 대목에서 웃어야 할지 전혀 감이 오지 않는 정말 재미없는 이야기야. 다른 재미있는 이야기를 들려줘.

A: 좋아요, 이야기 하나 더 들려드릴게요.
한 번은 커피숍에서 일하는 직원이 있었는데, 어느 날 그녀는 마침내 고객에게 "당신의 이름은 뭐예요?"라는 질문을 할 수 있게 되었습니다. 하지만 그 고객은 말했습니다. "그거 알려면 먼저 커피 내줘야지." 그리고 그녀는 커피를 내놓았고 다시 한번 시도해봤습니다. "그래도, 당신의 이름은 뭐예요?" 하지만 그 고객은 또다시 말했습니다. "그거 알려면 먼저 커피를 다 마셔야지." 그녀는 이제 이해했습니다. 그래서 커피를 더 마셔야 한다는 것인가 생각하며 그녀는 다시 커피를 내놓았습니다. 그리고 다시 한번 물었습니다. "그래도, 당신의 이름은 뭐예요?" 그리고 그 고객은 말했습니다. "숫자 7." 그녀는 이해할 수 없었습니다. "왜 숫자 7이에요?" 그리고 고객은 말했습니다. "왜냐하면 나는 7-11에서 왔으니까."

챗GPT가 학생에게 (그것이 검증이 필요한 지식이라고 할지라도) 지식을 가르치는 역할을 하게 되더라도, 학교생활 가운데 학생들이 만들어낼 웃음소리를 생성해내지는 못한다. 학교 교육은 학생이 교사와 함께 인간적인 것이 무엇인지 생각하고 경험하게 하며, 자신의 서사를 담은 창의적인 것을 만들어내게 하고, 그 가운데 친구들과 함께 웃을 수 있도록 해야 하는 곳이 아닐까?

김대식 교수는 《챗GPT에게 묻는 인류의 미래》 말미에서 "상상을 초월하는 챗GPT의 영향을 어차피 막을 수 없다면 새로운 기술을 더 먼저 받아들이고, 더 먼저 이런 기계와 함께 살아야 할 학생들이 정말로 필요로 하는 기술을 가르쳐주어야 하지 않을까?"라고 이야기한다. 챗GPT의 등장은 '앞으로 등장할 미래 생성 인공지능 시대의 모습을 먼저 살짝 보여주는 티저 같은 역할'을 한다는 것이다. 챗GPT의 생각은 기계의 생각이기 전에 지난 수십 년간 인간이 인터넷에 올린 문장과 생각의 모음이다.

학생들은 지금 인류의 지식과 지성을 반사하는 챗GPT라는 거울 앞에 무방비 상태로 서 있다. 그들이 어떻게 하면 이 거울 앞에 당당히 서서 자신의 고유한 모습을 비추어 볼 수 있을까?

챗GPT라는 눈먼 거인의 어깨 위에서 앞으로 거울 안에 숨어있는 또 다른 차원의 공간을 여행하게 될 그들의 손에, 오늘을 사는 교사로서 STAR'S라는 네 개의 지도와 하나의 칼을 건네주고 싶다.

에필로그

챗GPT에게 질문하는 법

챗GPT와의 30일간의 대화를 통해 얻게 된 다섯 가지 질문 요령이다. 단, 알파가 하나 더 포함된다.

챗GPT에게 질문하는 법 5가지 + α

1. 아이처럼 질문하라.

- 천진난만하게 뭐든 질문하라.
- 묻고 또 물어라. (2차 질문하기)
  : 질문에 질문을 더한다.
  : 답변을 이용하여 질문한다.
- 반복해서 같은 내용을 질문하라.
- 질문 놀이를 하라.

2. 나답게 질문하라.

- 내가 잘 아는 내용부터 물어봐라.

- 나의 관심사를 키워드로 활용하라.

- 나의 경험과 서사를 활용하라.

- 아는 만큼 묻는다.

3. 질문에 상상력을 활용하라.

- 학교에서 못 해봤던 질문을 하라.

- 차마 하지 못했던 질문을 하라.

- 상상할 수 없는 질문을 하라.

4. 질문을 나의 성장과 연결시켜라.

- 잘 모르는 지식에 대해 물어본다.

- 질문을 통해 내 마음을 들여다보고 성찰한다.

5. 비판적으로 질문하라.

- 내용 담긴 편견은 무엇인지 질문하라.

- 출처와 근거에 대해 질문하라.

+α. 질문에 대해 질문하라: 메타인지

- 의도를 가지고 관점을 바꾸는 질문을 하라.

책을 마무리하며

17년 전 오늘, 아들이 태어났다.

17년 전 오늘의 나는 '챗GPT 교실 수업에 관한 글'을 쓸 것이라고는 상상조차 하지 못했다.

챗GPT의 등장으로 어수선해진 사회, 그리고 그 속에서 혼란스러워하는 교사, 그리고 챗GPT를 교사보다 먼저 사용하기 시작한 학생들을 위해 무엇인가 하고 싶다는 생각이 들었다.

챗GPT를 만나 대화를 시작한 지 한 달이 되었고, 글을 쓰기 시작한 지 보름이 되었다.

챗GPT에게 30일 동안 질문을 하던 나는 결국 챗GPT가 나의 관심사와 질문을 그대로 비추는 거울이라는 사실을 알게 되었다. 챗GPT를 바라보고 이용하는 것도 결국 '나'라는 사실. 모든 것은 '나'로 귀결된다. 챗GPT가 아무리 인류의 위대한 지식을 학습했다고 할지라도 나의 개인적 서사는 결코 대신해 줄 수 없다.

그리고 '선택은 인간의 몫'이라는 것. 챗GPT는 나의 '취향'을 고려해서 판단하라는 말을 할 수밖에 없었다. 그 '취향'은 내가 섬세하게 감지하고 발전시켜 나가야 하는 것이라는 당연한 결론에 도달했다.

챗GPT의 등장으로 인류는 특이점을 맞이했다고 한다.

앞으로 17년 후 나는 어디서 무엇을 하고 있을지 모르지만 계속해서 '인간적 창의성'의 별을 비추는 사람이 되고 싶다.

그리고 사람들이 챗GPT라는 거울 앞에서 자신의 '열린 가능성'을 비추어 보며 끊임없이 성장하고 꿈꾸기를 희망한다.

감사의 글

존재하기 전에 무언가가 시야로 들어온다.
미래에서 꿈틀거리며 나오는 그것은
원인이다.

그렇다. 원인은 미래에 있다.
원인이 미래에 있을 때
그 결과가 현재에 나타나는 것이다.

- 요제프 보이스(Joseph Beuys), 독일 퍼포먼스 예술가

몇 차원을 훌쩍 뛰어넘는 것은 인공지능에게 문제가 아니다. 그렇지만 제한된 차원을 살아가는 인간에게도 가끔 시간을 뛰어넘는 기적 같은 일이 일어나곤 한다.

나의 첫 책이 나오기까지 미래에 있던 원인을 나의 손에 가져다준 사람들이 있다.

꿈보다 해몽이라는 말이 있다. 해몽을 잘해야 꿈이 더 빛난다며 애정 어린 추천사를 써주신, 부경대 과학기술정책학과 교수이자 전(前) 한국과학창의재단 단장님을 지내신 나의 오랜 은사님 최연구 교수님께 감사의 인사를 드린다.

자연어 분석에 관한 나의 생각을 다른 교사들과 공유할 수 있도록 자리를 마련해주시고, 멋진 추천사를 흔쾌히 써주신 서울로봇고등학교 강상욱 교장 선생님께도 무한 감사를 드린다.

특성화고와 직업교육을 사랑하는 마음이 인연이 되어 항상 함께하여 주시고 좋은 추천사를 써주신 AI융합교육연구회 회장이자 경기기계공업고등학교 교장이신 신승인 선생님께 감사드린다.

인공지능 공부를 비롯해 교직생활에서 다양한 경험을 해볼 수 있도록 배려해주신 나의 교직 롤 모델 전(前) 서울전자고 고광정 교장 선생님께도 감사하다.

여드름 많던 학부생에게 '하버마스'와 '마르쿠제'를 알려주시고, 사회학자로서 비판적인 안목으로 세상을 살아갈 수 있도록 가르침을 주신 은사님이자 서울대 도서관장이신 장덕진 교수님께 감사드린다.

‘창의적 교육’을 실천하는 교사로 살아갈 수 있도록 가르침을 주신 전(前) 인하대학교 조도근 교수님과, 학부 때부터 대학원까지 교육에서 ‘평가’란 무엇인가에 대해 끊임없이 고민해보도록 이끌어주신 전(前) 한국교육과정평가원장 성태제 교수님께도 지면을 빌어 감사의 말을 전하고 싶다.

잘파(Z+alpha)세대로서 나에게 챗GPT와 한 달 동안 대화를 해보며 책을 써보라고 조언해준 사랑하는 아들 성훈이와 꼼꼼하고 냉철하게 교정을 봐준 능력자 프리랜서 동생 우정이에게도 감사하다. 세상을 두려워하지 않고 무엇이든 시도해볼 수 있게 키워주신 어머니와, 바르고 슬기롭게 살라는 가르침을 주시고 지금은 하늘나라에 계신 아버지께 감사하다. 무엇보다도 이 책이 세상 밖으로 나올 수 있게 도와주신 리더북스 이기준 대표님과, 비전공자가 사용자 입장에서 쓰느라 두서가 없는 이 책을 흥미롭고 인내심 있게 보아줄 독자님께도 감사의 말을 전한다.